BUDDHISM for Beginners

我想知道什麼是佛法

圖丹・卻淮 Thubten Chodron◎著
黃盛璟◎譯

目錄

THE DALAI LAMA

序

我很高興圖丹·卻淮寫了這本《我想知道什麼是佛法》。這本書主要是爲了想了解佛教基本教義，以及想知道如何將教義與生活結合在一起的人而寫的。我在這裡提幾句話可能會有些幫助，就是關於這些人應該用什麼心態面對佛教。剛開始學佛時，應該保持存疑的態度，根據自己的了解，發問並檢查所傳的教授，然後對教授才能生起信心和信任。釋迦牟尼佛親自對追隨他的學生提出這樣的建議，就是在接受佛陀教授之前要先分析思考，不要純粹只是基於尊敬和信賴。因此，了解產生信心的主要原因在於思考推理是很重要的，因爲這樣能加強信念，幫助我們生起確實的體驗。當一個人愈來愈能以推理來思考，就愈能有確定的見解，因而引發體驗，信心也得以益加堅定。

第十四世達賴喇嘛

導言

我才剛到新加坡幾天，有一位年輕人出現在房間門口。「我可以問您幾個佛教的問題嗎？」他問我。我們開始坐下來談。他問的問題，有些是剛學佛的西方人問過的問題，有些則是生長在佛教和地方宗教混合社會的東方人所特有的問題。當我開始在新加坡教授佛法，便注意到很多人有同樣的問題。

不久之後，有個人來見我，在我們談話當中，他說：「我們需要用日常的英文來聽聞佛法，能夠有清楚的解釋，而不要用一大堆我們不懂的巴利文和梵文術語。請寫一本能幫助我們的書，我很樂意協助您。」

興起寫這本書的的念頭，就是來自於這兩人：李修昌（Lee Siew）和羅伯特・格威（Robert Gwee）。這本書本來是一九八八年在新加坡的阿彌陀佛佛教中心私下印行，書名叫做《我想知道爲什麼》（*I Wonder Why*）。一些人讀了之後，寄給我更多問題，這些問題都已包括在現在這一版中。

提問題是有益的，它能澄清我們的懷疑並且獲得新的資訊。其實很多人都有相同的問題，我們提出問題，那些因害羞而不敢提問的同學通常會感激我們！不過，我相信心靈的修行應是存疑多於尋找答案。尋找一個正確答案常常是希望讓生活——本來就是流動如水的——變得確信且固定不變，但這常常會導致僵硬、死板、封閉和沒有耐心。相反的，存疑——花一段時間從各個角度去探討——反而會讓我們與生命的神祕連上線。存疑使我們習慣於生命無法掌握的本質，並且讓我們從多面性的觀點了解事物。因此，本書看起來雖然是針對問題給予答案，但我們還是要針對兩者不斷地反覆深思，這樣才能從更多面向去看它們，並且結合到我們的生活中。

這本書是針對對佛教有興趣的人，以及學過或修行多年但仍有些關鍵點尚不清楚的人而寫的。幾十年前西方早期翻譯的佛教資料導致人們對佛教錯誤的詮釋，其中甚至有在高中或大學教授佛學者，希望這本書能對那些老師和學生有所幫助。

你可以從封面到封底一頁接著一頁地閱讀這本書，也可以直接跳到你有興趣的章節。本書的目的不是在於廣泛全面的介紹佛教，而是澄清要點、對一些現代議題提供佛教的觀點，並激發讀者的好奇心和探究心。

感恩

將我最深的敬意和感恩供養世尊。感謝所有師長給予我的教授和指導，特別是至尊達賴喇嘛、曾紮嗇康仁波切，以及梭巴仁波切。感謝新加坡阿彌陀佛佛教中心、西雅圖佛法友好基金會的會員們，有他們的激勵和幫忙，我才得以完成本書。特別向協助編輯手稿的莫尼卡．福科那（Monica Faulkner）致謝。本書如有任何錯誤，都是我的錯誤。

附記

「他」及「她」第三人稱可以互換。「意識」、「心相續」、「覺知」也可以互換，意指我們用來理解和感受的部分，包括西方稱爲「心臟」、「心地」（heart）的語詞。佛教術語「心」這個詞，就包含「心地」和「意識」的意思。「世尊」是指兩千五百年前生於印度、歷史上的釋迦牟尼佛。「佛陀」則是指所有已證悟的人，釋迦牟尼佛只是其中之一。

書中行文有出現佛教術語時，我已試著加以解釋，不過書末仍提供術語匯編作爲參考。

圖丹・卻淮

華盛頓，西雅圖

二〇〇〇年一月十六日

第一章

佛法的精髓

這章在說什麼？

佛陀教法的精髓是：捨棄負面的行為，建立完美的德行，同時淨化我們的心靈。佛陀給予我們很寬廣的教授，幫助我們活得更好，讓我們與他人更能和平相處，這才是重點所在。

什麼是佛陀教法的精髓？

簡單地說，就是避免傷害別人並盡力幫助別人。也可以用以下常被引用的偈頌來說明：

捨棄負面的行爲，
建立完美的德行，
淨化我們的心靈，
這就是佛陀的教法。

（此偈頌一般中文譯為：「諸惡莫做，衆善奉行，自淨其意，是諸佛法。」）

由捨棄負面的行爲，如傷害別人、憤怒、執著、閉塞等破壞性的動力，我們因而停止傷害自己和別人；由建立完美的德行，如平靜、愛、慈悲、喜悅等有建設性的行爲，我們開發出對自己與別人有益的態度；由淨化心靈、了解眞相，我們把所有不實的投射拋諸於後，讓我們能沉著、平和。

佛陀教法的精髓也可以用「四個高貴的眞理」（即「四聖諦」）來說明：苦的眞相（即「苦」），苦的原因（即「集」），苦與苦因的止息（即「滅」），以及止息的道路（即「道」）。佛陀所謂的「苦」，是指我們無法擁有滿足的感受。即使感受到的是快樂，也不會永久持續，因爲我們都處於這樣的情況，以致我們不滿足。然而，導致這個問題的原因不在於外在的環境與事物，而在於我們的心。煩惱、負面情緒，如執著、憤怒、無知（即「貪、瞋、痴」），才是造成我們不快樂的根源。既然苦的根源是基於我們對事實的本質有錯誤的了解，我們可以把它們從心相續中去除，我們於是可安住於涅槃的極樂狀態中——沒有不滿足的經驗，也沒有造成不滿足的因。通往涅槃這條道路，就在於認識眞相及增加我們良善的心性。佛陀描述了這條道路，我們則有實踐它的能力。

這條道路也有人以「三種提升訓練」（即「三增上學」或「三學」）來敘述：道德的紀律（即「戒」），禪定的安住（即「定」），智慧（即「慧」）。首先，我們必須成爲在社會上運作沒問題、能與人和諧相處的好人，透過三種提升訓練中道德的紀律，能做到這一點。接著，由於我們的行爲舉止和言語已經較沉穩，可以經由集中的專注或三訓練中的禪定安住，開始馴服自己的心，這讓我們能斷除苦的根本，也就是與生俱來的無明。爲此，我們開發出三訓練中的智慧，使我們能覺知到事實的眞相。

三種提升訓練還可分爲「八條崇高的道路」（即「八正道」）。屬於戒律方面的包括：(1)恰當的話語（即「正語」）：指確實、親切、合宜的言語。(2)恰當的行爲（即「正業」）：指不傷害別人的行爲。(3)正當的生計（即「正命」）：指以誠實、無害的手段取得如衣服、食物等賴以維生的物資。屬於禪定安住的包括：(4)正確的努力（即「正精進」）：由修定而努力對治煩惱與負面情緒。(5)正確的心念（即「正念」）：指爲了對治修定時而有的散亂與亢奮。(6)正確的修定

（即「正定」）：指心可以持續定在一個特定的道德目標上。屬於智慧的包括：(7)正確的見解（即「正見」）：指徹悟空性的智慧。(8)正確的思想（即「正思」）：指想把佛法的道路清楚地解說給人聽，並希望聽的人都能自痛苦中解脫。

佛法的精髓也可以說包含在「三條主要道路」（即「三主要道」）中：求解脫的決心（即「出離心」），利他的目的（即「菩提心」），徹悟空性的智慧（即「空正見」）。剛開始，我們必須先有想要脫離對問題的困惑的決心，遠離產生問題的原因。然後，看到別人跟我有同樣的問題，依著愛與慈悲，我們會想成佛，因爲如此才有足夠能力有效地幫助別人。爲了要成佛，我們必須開展出了悟自我本身及現象眞實本性的智慧，這樣才能消滅不實的假相。

什麼是學佛道路的目標？

學佛道路是要引導我們藉由脫離輪迴——現在就能體驗到的、問題不斷重複出現的循環——去發現一個讓我及他人永恆快樂的境界。從生到死，我們都受到無知、煩惱及不清淨的行爲（業力）所影響。雖然每個人都想快樂，也都盡力去得到讓自己快樂的事物，然而卻沒有一個人全然地滿足於自己的生活。還有，雖然我們都想脫離困境，然而問題仍毫不費力地跟著我們。看起來大家的生活似乎都有美好的事情發生，但是當我們跟他們談話超過五分鐘後，他們就會開始談論自己的問題。在這種情況下，還沒成佛的我們，就是所謂的「眾生」。

輪迴產生的根本原因在於無知：我們不了解自己是誰，如何存在，或其他現象界是如何存在的。在不察覺於無知的情況下，我們幻化地投影出自己與他人的存在，以爲所有的人和物都有實質的本性，並且獨立存在，因而產生了貪著（把人與事物的好處誇張或附加上去），然後對這些人或事緊握不放，認爲它們會帶給我們眞正的快樂。因爲貪著，所以當事情不是我們所希望或期望時，或我們的快樂被干擾了，我們就生氣。由於這三種基本的煩惱——無知、貪著、憤怒（即「貪、瞋、痴」）——連帶地引起了更多煩惱，如嫉妒、驕傲、怨恨。這些心態推動著我們去行動、說話、思考，於是在我們的心識（也就是心相續）中留下印記，影響我們未來的際遇。

藉由了悟空性或無我，我們產生智慧，因而脫離輪迴的束縛。這智慧是很深刻的了悟，了悟到自己本身、他人及所有存在的事物，其實都沒有實質、獨立的本性。這智慧能消滅所有的無知、錯誤的概念、煩惱和負面情緒，於是終止了所有錯誤及污穢的行爲。這種被解放的狀態，稱爲「涅槃」或「解脫」。所有眾生都有達到解脫，即永恆快樂的境界的潛能。

什麼是「三寶」？我們跟「三寶」有什麼關係？「皈依三寶」是什麼意思？

「三寶」指的是佛、法、僧。「佛」是指把心靈所有的污穢都清乾淨的人。所謂心靈污穢，指的是：煩惱、負面情緒、引起煩惱與負面情緒的原因、由煩惱及負面情緒所產生的業力，以及煩惱與負面情緒所產生的污點。佛陀擁有所有好的特質，例如無偏私的愛和慈悲、深邃的智慧，以及善巧地引導人的方法。「法」是防止我們遭受困難、痛苦的措施，包括佛陀的教導，以及依照教導修行而產生對我們有益的精神狀態。「僧」是指那些對實相有直接體驗、不受概念侷限並且了悟的人。「僧」也可以指依佛陀教導而修行的團體，不過這是傳統上對「僧寶」的說法，並不是我們皈依時的對象（意指皈依的僧寶應以前者為對象，而不是後者對僧寶的說法）。

我們與三寶的關係，可比擬爲病人尋求醫生、藥品及護士們的幫忙。日常生活中，我們因各種不滿足的境況而受苦，佛陀就像一位醫生，正確診斷出造成問題的原因，並且對症下藥，給予我們適合的藥品；佛法就像是能夠根治我們病症與病因的藥物，是我們眞正的皈依處。由於僧在佛道上幫助我們，就像協助我們服藥的護士一樣。

「皈依」的意思是：全心全意地依靠三寶，以此激勵、指導我們的生活，趨向積極、有益的方向。皈依並非表示消極被動地躲在佛、法、僧三寶的庇護下；皈依是積極主動的按照三寶所指示的方向去做，因而改善了我們的生活品質。

皈依時，皈依的人清楚地知道自己的生活方向，誰要引導他，誰是這條路上的同行伴侶。因此，皈依消除了由於對心靈之路不確定而生的猶豫不決與困擾。有些人對靈性的追求如逛櫥窗一樣：星期一用水晶，星期二用靈媒，星期三做印度教的冥想，星期四做哈達派瑜伽，星期五學全體性治療，星期六做佛教的禪修，星期天就用塔羅牌。他們學了很多也懂得很多，但是貪著、憤怒及封閉的心胸並沒改變多少。皈依就是對我們要走的主要道路做清楚的抉擇。不過，即使沒有皈依成爲佛教徒，還是可以照著佛陀的教導去修行，仍然能夠從中獲益。

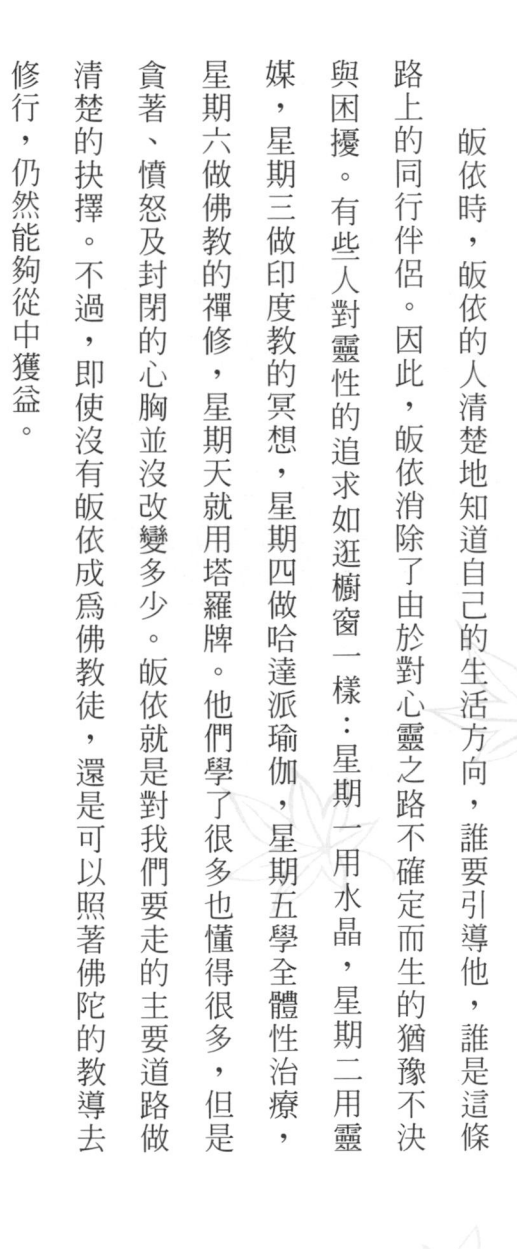

一定要是佛教徒才能修習佛陀的教法嗎？

不一定。佛陀給予我們很寬廣的教授，如果某部分的教授能幫助我們活得更好，解決我們的困難，使我們更富有同情心，我們當然可以修習這些教授，並沒有必要稱自己是佛教徒。佛陀教法的目的是爲了利益我們，藉由修習某部分的教授，讓我們與他人更能和平相處，這才是重點所在。

第二章

誰是佛陀？

這章在說什麼？

我們可以用不同的觀點來認識佛陀，如從歷史角度來看佛陀、把佛陀觀想為覺悟的心靈，或者視佛陀為心中圓滿成熟的佛陀本質的顯現，經由修行，我們可以淨化煩惱、染污、障蔽，滋潤我們本來具有的、美好的、潛在的種子，每個生命體都能成為佛陀。

佛陀是誰？如果佛陀只是一個凡夫，他如何幫助我們？

有很多方式可以描述佛陀是誰，這些不同的觀點，在佛陀教法中都有根據。如歷史上所說的佛陀，是一個生於兩千五百多年前的人，已淨除心靈上所有的污穢，並發展出一切潛能。任何眾生只要做到和佛陀一樣，也可以被認許爲佛陀。所以，佛陀有很多，而不只一個。另一種方式是把一個特定的佛陀或佛教的本尊，看成是覺悟的心靈，只是爲了能和我們溝通，所以顯露出個別的特定形相。還有一種方式是把佛陀或任何一個本尊看成是我們以後成佛的模樣，也就是當我們淨除了所有心靈上的污穢，並發展了一切潛力時所呈現的模樣。讓我們對各種描述方式做更深入的檢視。

歷史上的佛陀

歷史上記載的釋迦牟尼佛，出生時爲王子悉達多．喬達摩，出生的地方靠近現今印度與尼泊爾交界處。他擁有生活中所需要的任何東西：物資財產、充滿愛的家庭、名望、信譽和權力。悉達多出生不久，就有一位先知預言他未來不是成爲一位偉大的國王，就是一位偉大的精神領袖。悉達多的父親要他成爲偉大的政治領袖，便保護他，不讓他接觸任何不愉快的情境。然而，年輕的悉達多偷偷地溜出宮外到城裡，在他臨時的造訪中，首先看到一個生病的人，然後看到一個老人，接著看到一個死去的人，於是他體悟到：物質雖能帶來短暫的、世俗的快樂，卻不能解決人類所處的基本困境（指生、老、病、死）。在另一次出遊時，悉達多遇到一位流浪的苦行者，他知悉苦行者正在尋找如何脫離被無知與業力牽絆的輪迴，於是便捨棄王子生活，成爲一個尋找眞理的苦行者。經過六年嚴酷的肉體禁欲，悉達多領悟到極端的自我否定並不是最終的快樂之道，於是捨棄了極端的苦行，坐在一棵菩提樹下（位於現今印度菩提迦耶），進入甚深的禪定中，完全地清淨了內心的錯誤見解與污穢，圓滿地展現所有的潛能與良好的特質。然後，悉達多以慈悲、智慧、善巧教化眾生，長達四十五年之久。在這方面，佛陀使人們漸漸淨化自己的心靈，發展自己的潛能，並使人們達到佛已得到的證悟與快樂的狀態。因此，「佛陀」二字的意思是「覺醒的人」——一個已經徹底淨化、圓滿發展他（她）的心靈的人。

像釋迦牟尼佛這樣的人，如何把我們從困境與痛苦中救拔出來？世尊沒辦法像從腳上拔掉刺一樣地拔掉我們的無知、瞋怒、執著等煩惱；世尊也不能用水洗掉我們心靈上的污濁，或灌注「證悟」到我們的心靈上。世尊以完整無缺的慈悲愛護所有眾生，他愛護眾生更甚於愛自己，如果他能夠做到消除我們的痛苦，一定早就去做了。

我們對痛苦和快樂的經驗決定在於心，而決定經驗是快樂或痛苦，則在於我們是否減低自己的煩惱與污濁的行爲（業力）。世尊指示了方法，這個方法是他自己使用過，使他從一個困擾的凡夫——就像我們現在一樣——到一個全然淨化、成長的狀態，也可以說是成佛的境界。要不要照著這個方法修習，轉化我們的心，完全在於自己。釋迦牟尼佛就是那個達到我們一直想要達到的目標的人——他達到了永恆快樂的境界。他的範例和教導，告訴我們如何照著做，就可以達到跟他一樣的境界。但是世尊不能掌控我們的心，只有我們自己才能做決定。我們能覺悟，不光是靠佛陀指示出一條路，還需靠自己努力跟隨。

舉個例子，假設我們要去倫敦，首先要找是否眞的有一個地方叫做「倫敦」，然後要找去過這個地方的人，而且那個人要有知識、能力，還要不吝提供我們所有的旅行資訊。如果跟隨一個從未去過倫敦的人，將會很可笑，因爲那個人可能無意中給我們錯誤的訊息。同樣的，佛陀已經開悟了，他具有智慧、慈悲和方法指引我們這條道路。如果我們把自己託付給一個還沒開悟的人，請他（或她）當引導，就很愚蠢了。

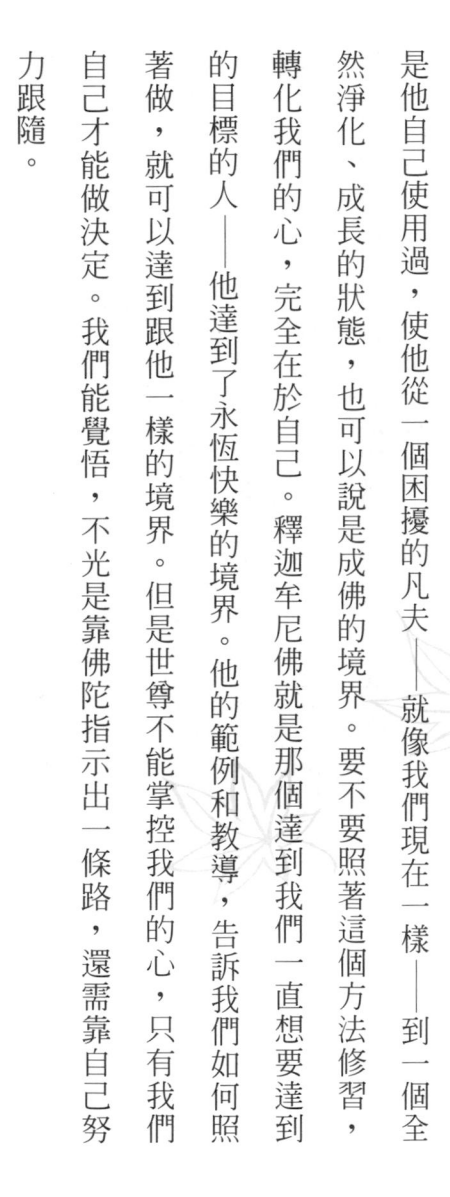

嚮導可以提供我們關於這趟旅行要帶什麼、什麼不要帶等資訊，他（或她）會告訴我們如何轉機換車，會經過哪些地方，沿途會遇到什麼危險，以及可以得到什麼資源。同樣的，佛陀描述了道路的各種層次和階梯，這個階段到下個階段如何循序漸進，如何增長我們已具有的好特質以及減少有害的惡行。然而，導遊沒辦法強逼我們踏上路程，他（或她）只能指出路程，我們還是得靠自己去機場，然後上飛機。同理，佛陀也不能強迫我們走這條路，他只能以自己爲例，教導並指示我們怎麼走，但我們還是得靠自己。

化現的佛陀

第二個了解佛陀的方式是：把佛陀想成是一種覺悟的心靈，藉由各種不同的佛、本尊的形貌顯現出來。佛陀遍知一切，對所有的存在現象瞭如指掌，他們全然地發展智慧與慈悲，因而消除了所有的蔽障，成就了遍知一切的能力。因爲我們的心是有蔽障的，所以無法和佛陀全知的心直接溝通。佛陀爲了實現希望所有眾生都覺悟這個最至心的願望，必須能夠跟我們溝通，因此他們須呈現有形體的樣子。從這方面來看，我們可以把佛陀視爲一個已開悟的生命體，他化現爲王子的形相來教導我們。

但是如果佛陀已開悟解脫，爲什麼又轉生爲人呢？（轉生為人表示仍在生死輪迴中）佛陀不是像一般人一樣，是由煩惱、染污行爲（業力）所控制而再生轉世，佛陀已淨除了內心由煩惱、業力所造成的染濁，他能夠出現在這世間，是由於心中慈悲的願力之故。同樣的，高層次的菩薩們——爲了利益眾生而持續、熱切地想要成佛者——也是自願轉世再生，但不像凡夫因出於無知而輪迴，菩薩們是出於慈悲，爲了度化眾生而輪迴生死。

當我們把佛陀想成是一種化現，就不會強調佛陀的性格，而會把注意力集中在以人爲形體的全知心靈的特質上。這是以比較抽象的方式來了解認識佛陀，所以比較需多花點心力。

同樣的道理，各種證悟的本尊也可以看成是全知心靈特質的化現。如果所有證悟者都有相同的覺悟，爲什麼需要那麼多本尊呢？因爲每一本尊的外貌形相都強調凡夫不同層面的性格，並且要與那特定層面的性格連線。這說明了佛陀的善巧方便，以及他依每個人不同的傾向而個別指導的能力，例如，觀音菩薩化現的是所有佛陀中的慈悲精神。雖然觀音菩薩擁有跟其他佛等同的智慧與慈悲，然而他特別偏重在慈悲精神的化現。

我們沒有辦法用眼睛看到覺悟的慈悲精神，如果要在形相上顯露出來，該是什麼樣子呢？就像藝術家藉由圖象表達自己，菩薩們也藉由觀音菩薩的形相，象徵性地表達他們的慈悲。有些圖畫中，觀音菩薩是白色的，並且有千隻手。白色表示純潔清淨，意指藉由慈悲可使自我淨化。千手中，每隻手掌都有一隻眼睛，表示菩薩以全然無私的慈悲注視著所有眾生，並對所有眾生援之以手。至於觀音菩薩的身體則代表慈悲本身。依著這樣的形體來觀想慈悲，我們就能以超乎語言、象徵性的方式與慈悲溝通。

文殊師利菩薩是所有佛陀中智慧的化身，他有著和佛陀一樣的了悟。在西藏的傳統裡，文殊菩薩被描繪成金黃色，手持火劍和一朵蓮花，蓮花上放置文殊菩薩的「圓滿智慧咒」，這樣的形相是內在智慧的象徵。金黃色代表智慧，因為它照亮內心，恰似太陽的金光照亮整個大地。手持圓滿智慧咒說明若要開發智慧，我們必須對這個咒的涵義加以研讀、思維並禪修。劍代表智慧的作用如劍一般鋒利，可以截斷無知。藉由禪修觀想文殊菩薩，我們會得到佛陀的特質，尤其在智慧方面。

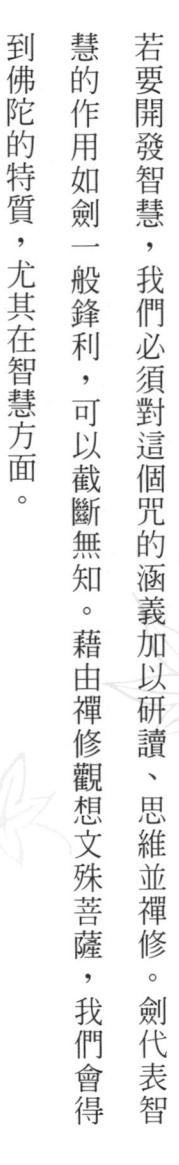

這些例子幫助我們了解，爲什麼會有這麼多的佛陀本尊。每一佛陀都在強調覺悟特質中的某一點，藉由那某一點與我們做象徵式的溝通。但是，這並不表示沒有觀音菩薩，從某個層次而言，我們可以認知「慈悲佛」是一個人，住在某個淨土中（那裡的環境都是以精神的提升為主導）；另一個層面上，我們也可以把觀音的形體看成是慈悲的化現。在西藏，觀音菩薩被描繪爲男身；在中國卻是女身。覺悟的心靈是超越男女的，各種不同的形體其實只是一種化現的方式，是爲了要與我們這種需要形相的凡夫溝通之故。一個覺悟者可以化現爲各式各樣的形相，如果對某種文化的人化現爲男性比較有效，他就會化現爲男性；對另一種文化的人，如果化現爲女性比較有效果，他就會化現爲女性。

雖然有這些不同的化現，然而佛陀的本質都是相同的——智慧與慈悲的全知、極樂的心靈。所有的佛陀與本尊也都一樣，不像蘋果和橘子般截然不同，他們都有相同的本質。他們只是化現為不同的外在形體，這樣才能夠跟我們以各種方式溝通。同樣的一團陶土，有人做成鍋子，有人做成瓶子，有人做成盤子，也有人做成小雕像，這些東西的本質都一樣——都是陶土，然而它們因形狀不同而有不同的作用。同樣的，所有的佛陀和本尊的本質都是慈悲智慧的極樂、全知心靈，由此本質化現為各種形體以發揮不同的作用。因此當我們想要開展慈悲的精神時，修行就會偏重對於觀音菩薩的禪修；當我們的心遲鈍懶散，就會偏重文殊菩薩（智慧佛）的修行。所有的佛菩薩都有同等的覺悟，只是各有各的特色。

我們將修成的佛陀

了解佛陀的第三個方式是：佛陀是我們心中圓滿、成熟的佛陀本質（即佛性）的顯現。所有眾生都有成佛的可能性，因為所有眾生的心靈本來就是清淨的，只是目前這心靈被煩惱、負面情緒、污染的行為（業力）所蔽障。經由不斷的修行，我們可以從心中拿掉這些污穢，並且滋潤本來具有的、美好的、潛在的種子（指佛性）。因此，只要完成心靈的淨化與成長過程，每個生命體都能成爲佛陀。這是佛教的獨特之處，因爲大部分的宗教在講到凡夫與聖人之間，多存在著不可逾越的差距，然而佛陀卻說一切眾生都有完全覺悟的可能性，只要修行和引發想要覺悟的動機。因此，已經有許多眾生成佛了，而我們也能成爲其中之一。

當我們觀想著佛陀或本尊時，想著他或她是我們未來即將成就的佛，就是在佛陀完全發展成的形體中，想像著我們潛在的佛性。想著未來，我們將會走完覺悟之路。藉著在當下想像未來，我們一再地肯定自己潛在的美德。這個未來我們即將成爲的佛陀，才是眞正能讓我們免於受苦的防護，因爲成了佛，我們就消除了目前不滿足狀況的原因。

這些認識、了解佛陀的不同方式，一個比一個困難，我們可能無法一下子掌握，不過沒有關係，在這裡說明不同的詮釋是因爲各人有各自不同的了解方式。我們不期望每個人想得都一樣，或立刻能了解一切。

如果現今仍有活著的人已達開悟境界，為什麼他們不告訴我們他們是誰？為什麼不顯露神通，讓人們對他們產生信心？為什麼那些大師都會否認自己已經開悟？

開悟的人主要特色之一就是謙虛。如果他們對自己的成就自吹自擂，以此自負並招攬信眾，就不算成佛了。因爲他們對所有眾生的尊重，以及樂意與每個眾生學習的態度，爲我們設立了一個好榜樣。凡夫大都傾向於表現自己的特質，甚至吹噓自己並沒有的才能和成就。層次高的修行者正好相反，他們隨時保持謙虛。

除非情勢所需，佛陀禁止跟隨他的人展視神通或法力，並且禁止談論神通。佛陀禁止是有原因的：如果一個人擁有神通並展露出來，會增長他的驕慢，對他的修行會有傷害。另外，也可能會引起別人的盲目信仰，以爲神通即是成佛的目的。事實上，神通法力是修學佛法自然會有的副作用，但是只有對眾生有著全然慈愛的人，在具有正確動機下使用，神通才具有眞正的助益。再說，如果佛陀以一個光芒四射的光體突然出現在街上，人們將會太過於震驚而沒辦法關注於佛陀的教導。對那些有高量證悟的人來說，要以普通人的外貌呈現反而需要更多技巧。我們可能會注意到那些高人有異於常人的特質，但是事實上是，如果他們看起來跟我們一樣的話，會讓我們感覺比較親近，我們會更有信心，覺得自己也能像他們一樣，得到他們所擁有的覺悟特質。

「信心」在佛教中代表什麼意思？我們能收到佛陀給予的恩典嗎？

佛教鼓勵人們修學佛陀的教法，並且親自去實驗它。從實驗中，我們建立信心、信仰和信賴。佛教提到三種信心：

(1) 單純的、仰慕的信心。我們由認識三寶的特質而敬仰三寶。

(2) 有希求的信心。藉由對三寶的認識，強烈地希望能和他們一樣。

(3) 信服的信心。藉由檢視教法，並將教法運用到日常生活中，我們因而產生信服，確信教法是有效的。

佛教本身並不用「恩典」這個詞，不過有一個相似的觀念，意指收到三寶的靈感或祝福（即「加持」）。這是指我們內心的轉化不只是因爲受到三寶的影響，還緣於我們的修行與開放的心胸。

第二章

有可能無私地愛眾生嗎？

這章在說什麼？

「慈」是希望所有眾生都能得到快樂，「悲」是希望所有眾生都能遠離痛苦。以不執著的態度，我們接受所有生命體，盡力幫助他們，並不在乎從關係中得到回報，這是佛法的一大重點。

以佛教徒的觀點，什麼是慈心？什麼是悲心？為什麼它們很重要？

佛教的「慈」是希望所有眾生（任何有心識但尚未完全覺悟的生命體）都能得到快樂及快樂因；佛教的「悲」是希望所有眾生遠離痛苦及痛苦因。我們花了很長的時間培養這種對眾生的感覺，而且是不論親疏的眾生——包括自己，以及我們所認識及不認識的人。

慈悲能夠利益自己和他人。由於慈悲，我們感受到與所有的生命體相關聯，疏離與絕望的感覺會消失，進而被樂觀進取所取代。當我們以慈悲處世，周遭的人事物會因爲身邊有一個親切的人而立即受益，我們的家人會感受到不一樣的氣氛，同事、朋友、白天遇到的人也都會感覺得到。慈悲的養成，是我們對世界和平有所貢獻的一種方式。除此之外，慈悲讓我們在心相續中留下好的印記，提升我們的心靈，讓我們以更寬廣的胸懷了知覺悟的道路。

佛教談到要無偏私地愛衆生，有可能嗎？

是可能的。這需要做到超越表面的形貌而深入去看眾生的心，認識到每個眾生都跟我一樣，都急切地想脫離痛苦，得到快樂。從這個角度去看，所有眾生都是平等的。用這樣的角度不斷地熟悉我們的心，就會消弱我們喜歡挑別人毛病、愛批判的心。例如我們在排隊等候的時候，心裡會對周遭的人品頭論足，「這個人太瘦了！爲什麼那個人穿成這個樣子？那個人看起來滿霸氣的！這個人眞是愛現！……」這樣的碎碎唸就是基於對外在表面的形貌而做錯誤的假設，只會加深我們的偏見，以及對別人的疏離感。如果我們訓練自己的心去深入觀察，認知到每個人都跟我一樣希望快樂，不想要痛苦，就會覺得自己與每個人有著共同的連結，就能平等地希望每個人都事事如意順利。要具有這樣的態度，長期的練習培養是不需說的。我們不可能只是想了幾次，就期望所有的偏見馬上消失怠盡。

人是習性的產物，所以要抽離習慣性的批判別人、習慣性的情緒反應與動作，非常困難，我們需要努力去做。生活中的每一刻，都是一次可以試驗、不按習性行事的嶄新機會。我們每次遇到一個人，就有一次與人聯繫、付出、親切交流的機會。只要我們能醒悟過來，善用每個機會，每天就能有好多機會呢！

如果我們平等地愛每個人，會不會破壞正常的社會化關係？

愛是我們心中培養出對每個人的一種情緒，但那並不表示我們對待每個人都以同樣的方式。舉例來說，我們知道小孩子的能力和限度，所以把他們當成小孩，而不是大人來對待。很明顯地，我們對待認識的人和不認識的人會有差異，因爲我們還保持著傳統社會的角色。如果有人對我們很煩，我們一定要傾聽、溝通，並試著解決衝突。我們不能表現得好像沒有衝突存在似的，這會讓他們覺得我們根本沒聽到他們的心聲。然而，不管我們跟某個人、在某個時刻、有什麼樣的關係，我們的內心仍然平等地愛著每個人。

悲心與憐憫有什麼不同？

悲心是希望所有眾生都能遠離痛苦及痛苦因。慈愛、悲心的產生，都是基於平等地重視每個人的快樂與痛苦。然而以憐憫來說，卻有高下優劣的心態分別，而悲心就沒有這種分別存在。憐憫是因爲我們自視高人一等，以屈尊俯就的姿態及虛假的關懷，同情那些我們認爲比我們低劣的人。相反的，悲心是既直接又平等的。在悲心下，不論是誰的痛苦，我們都要除掉；只要有機會幫忙，不管是舉手之勞的小忙，或事關重大的大忙，我們都會去做。

舉例來說，若我們踩到一根刺，會伸手把刺拔出來，再把腳包紮好。手不會對腳說：「腳，你眞笨！我叫你走路時要看路，可是你不聽，害我現在得打點你。別忘了，你欠我一份情。」爲什麼手不這麼「想」？因爲手和腳都是身體的一部分，自然會不假思索地互相幫忙。同樣的，如果把眾生想成跟我們是一體的，我們一定會伸出援手，就像他們就是我們一樣。這就是悲心的表現，我們經由修行來養成。

以慈愛對自己，以悲心對別人，這樣如何？

愛自己很重要。佛教並沒有用悲心的名義要我們忽略自己，以致於變成別人的負擔，還要受別人照顧。我們應該以健康的方式，而非過度關愛的方式去愛人、照顧人；要保持乾淨，身體健康；要有愉悅的態度，才能善意地、精神百倍地爲別人付出。對自己慈悲，並不表示想要做什麼就可以做得放縱，或是凡事先想到自己。如果我們太在乎每一件發生在身上的小事，並放大每一種感受的情緒，我們會變得很敏感、很容易被觸怒，這樣會使我們的生活過得更慘。因此，自我著迷與自愛是非常不同的。

法王達賴喇嘛曾說：「如果你要自私，就要自私得明智一點，去愛別人！」如果我們以自我爲中心，忽視別人所在意的，或把別人排在自己之後，別人一定會不高興，於是我們住在一個不快樂的環境，因而阻礙了我們的快樂。如果我們關愛別人，讓別人感受到快樂，周遭環境就會生出一種很好的感覺，那會反過來幫助我們感覺到快樂。另外，出於關注自我的動機所做出的行爲，會在我們的心相續中種下負面的業力種子，然後產生不愉快的感受；出於關愛別人的動機而做出的行爲，會種下好的業力種子，將會帶給我們快樂的果報。

要脫離輪迴、證得涅盤的決心（即「三主要道」中的首要條件：出離心。另外兩個是菩提心和空正見），也是對自己的悲心。由於不想繼續在輪迴中受苦，我們於是生起脫離的渴望。這種對自己的悲心，對我們的精神提升是需要的。當然，對所有眾生生起悲心也是必須的。

對人貪著和愛人之間有什麼不同？為什麼貪著會有問題？

佛教對貪著的定義是：由於誇大了對方的優點，或從內心投射出對方根本沒有的優點，然後就去黏附對方。在這種執著的心態下，我關愛別人是因爲對方讓我高興，給我禮物，讚美、幫助並鼓勵我。在慈愛的心態下，我希望眾生都能得到快樂及快樂因，只因爲他們和我一樣，都是具有生命的生命體。當我對別人有執著，便看不清楚對方是誰，因而對他們有許多期望，認爲他們應該喜歡這個，應該做那個，於是，當他們不能達到我認爲的「以爲」、「應該」時，就會覺得受傷、期望破滅及憤怒。

當我們慈愛他人，我們不會期望任何回報。我們接受對方，盡力幫助他們，但並不在乎從這關係中可以獲得什麼利益。眞正的愛，不是嫉妒、佔有，或只限於少數幾個親近的人，而是全然無私地針對所有生命體。

如果我們停止對別人有所期望，捨棄對他們的執著，會不會有變得憤世嫉俗、不信任人的危險？

在社會上，我們會根據不同的場合而期望別人有某種禮儀與行爲。例如，當我們問候同事之後，也會期待他或她的問候。我們會期待所規劃的計劃，有人一起來分工。這樣的期望是很正常的。困難在於當別人不能達到我們的期望時，我們就會生氣，覺得受傷。我們於是想：「好吧！我對任何人再也不存期望了！」可是這是譏諷的態度，仍屬於一種負面情緒，不該和放下執著混爲一談。因此我們要培養的態度是：仍然希望別人是可信賴的，但不期望他們永遠如此。我們對人類的善良還是有基本的信任，但也能接受當他們不是那樣的時候，因爲我們知道他們就跟我們一樣，也有被負面情緒或迷惑征服的時候。

如果我們保持超然，還有可能與朋友、家人相處嗎？

「保持超然」（detachment）以佛學見解來說，並不是準確的翻譯，應該用「不執著」（non-attachment）這個詞比較恰當。「保持超然」意味著旁觀、冷淡、冷漠。然而，在佛教的觀念中，「不執著」表示一種不黏著依附的平衡態度。當我們不執著時，不會對別人有不切實際的期望，也不會出於害怕他人不在時的痛苦而黏著他們。不執著是冷靜、實際、開放、接納的態度；不是敵對的、慌張的、孤僻的。有著平衡的態度，並不表示排斥我們的家人、朋友，而是指以不同的方式維持彼此的關係。當我們不執著時，跟別人的關係是和諧的，而且事實上，我們對他們的感情會更深厚。

佛法強調珍愛他人更甚於自己，這樣會不會造成一方為了取悅對方而不斷犧牲自己的需要這樣一種互相依賴的關係？

如果這個道理被正確地理解的話，是不會有這種情況發生的。照顧別人可以有兩種不同的動機，一個是：我們以一種很不健康的方式去關心別人，看起來像是犧牲自己，實際上卻是出於害怕或執著而去做。那些執著於讚美、名譽聲望、關係等等的人，當他們害怕失去這些東西時，可能看起來像是忽視自己的需要而去照顧人，但事實上，他們是以一種徒勞無功的方式在保護自己。他們的關懷不是出於眞誠的愛，而是出於以自我爲中心、想要快樂的企圖，而那樣的企圖只會讓他們更不快樂罷了。

另一種照顧他人的動機是出於眞誠的感情，這才是佛陀所鼓勵的。這種對他人的情感和尊重，並不希求任何回報，這樣的動機根源於「別人都和我一樣想要快樂，不要痛苦」的認知。更何況別人都曾經在今生或前世，藉由在社會上從事各種工作而幫助過我們。將我們的心一直沉緬於這種想法中，自然會對別人感覺很親切，而幫助別人的動機也會基於眞誠地希望對方快樂。

當一方是愛支配人、依賴的、苛求的，相互依賴的關係就不會產生。這是牽涉到二至二人以上的執著、憤怒、害怕，以一種不健康的方式，互相混雜在一起而產生。如果一個人能夠不執著，並且依眞摯的慈悲觀而行，即使別人有意或無意地想要支配掌控他或她，這個有著清楚動機的人，也不會掉進不健康的互動模式中。

第四章

什麼是禪修？

這章在說什麼？

禪修是一種心靈活動，能夠轉化我們的想法與觀念，讓想法與觀念更慈悲，與現實更一致。禪修有兩種類型，一種是止修，一種是思維修。世尊依這兩種類型，教授了各式各樣的禪修技巧，這些教法的傳承至今仍流傳著。

什麼是禪修？

現今的禪修經常和其他活動混淆。禪修不只在放鬆身心，也不是在幻想自己是個有成就的人，擁有豐厚的財產、良好的關係、受人仰慕和著名的名聲，這純粹是對所執著的事物做白日夢。並不是雙腿盤坐、背脊挺直、臉上帶著神聖的表情，就是禪修。禪修是一種心靈的活動。即使姿勢做到完美無缺，如果心思不定，想著貪著、生氣的事，就不算是禪修。禪修也不純粹是一種專心的狀態，例如我們在畫畫、閱讀或做自己有興趣的活動時，也可以有專心的狀態。禪修也不單單只是在任何時刻都清楚地覺知自己在做什麼。

藏文「禪修」叫做「功」(gom)，根源於「使習慣」、「使熟練」這個動詞。因此，禪修的意思是：讓我們對積極的、實際的、有益的情緒與態度養成習慣。禪修會養成心靈的好習慣，能夠轉化我們的想法與觀念，使想法與觀念更慈悲，與現實更一致。

如何學習禪修？禪修的種類有哪些？

現在有許多人在教授禪修和心靈修養之道，我們應該好好地檢驗他們，而不要立刻興奮地加入。有人認爲不須要跟隨一位技巧熟練的老師，自己就可以發明一套禪修的方法，這是非常不智的。如果想禪修，一定要先跟隨一位資格純熟的老師才行。能夠聽聞像世尊這樣可信靠的來源，是我們的優勢，因爲世尊的教法已經經過幾世紀來學者們的研究，以及獲得證果的修行人的驗證。因此，我們可以確定教法和禪修的傳承是令人信服並值得去修的，這樣的修行就不只是根據於某人的作怪或奇想了。

首先，我們聽聞教法，並不斷的思維教法以加深了解，然後藉由禪修，將學習到的法與心靈結合。例如，我們聽到關於對所有眾生生起全然的愛的教法，接著，我們去做研究探討，檢查這教法是不是行得通。我們了解修行的每個步驟，然後藉由禪修將心靈與當下的自己結合，依此讓心靈養成好習慣，並依不同階段，訓練自己體驗慈悲心，這就是禪修。

禪修有兩種類型，一種是止修，一種是思維修。前者是爲了培養專注，後者是爲了養成深刻的了解。世尊依這兩種類型，教授了各式各樣的禪修技巧，這些教法的傳承至今仍流傳著。止修的其中一個範例是：集中心念於呼吸，同時看著呼吸時所發生的任何覺知，這樣能使我們的心平靜下來，不像平時般焦躁不安，並且能使我們在日常生活中比較祥和，不會有太多憂慮。觀想佛陀的形相也可以讓我們止住散亂的心念並練習專注。然而有些非佛教的傳統，會建議注視著一朵花或蠟燭來養成專注的心。通常佛教傳統並不推薦這種方法，因爲禪修是一種心靈覺察的活動，而不是感官的覺察。

思維修則是藉由對他人養成正面、實際的態度，幫助我們控制憤怒、貪著和嫉妒，這些便是思維修或稱「觀察修」的範例。其他思維修的範例，如仔細思考我們珍貴的人身，無常、實有空的法義，這樣的思維修是爲了得到正確的了解而練習有架構的思考，最終則必須超越這些概念性的思考。

淨化的禪修能清除負面行爲的印記，並且停止心神不寧的罪惡感。參公案（以令人費解的難題，打破我們一般固有的概念）的禪修則是在禪宗的傳統下進行。有些禪修要做觀想和持咒，這些是佛教所教授的許多禪修方法之一。

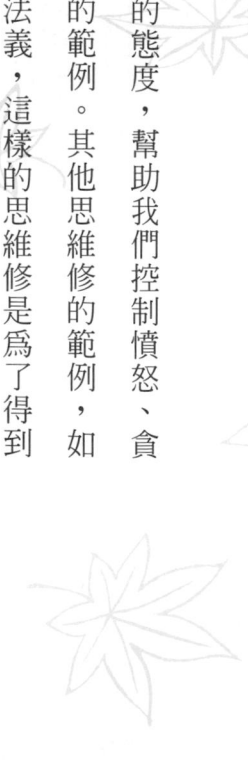

禪修有什麼好處？

經由禪修養成心性的好習慣，會逐漸改變我們的行爲，生氣的頻率降低了，比較能做抉擇，而且變得知足，不會焦躁不安，這些禪修的結果，當下就能體驗。不過，我們還是應該試著以更寬廣的動機來禪修，而不是只爲了當下的快樂。如果禪修的動機是爲了未來的生命做準備，是爲了脫離輪迴所不斷發生的問題，或爲了利益眾生而要成佛，這樣我們的心性自然地會平和，而且還能夠達到這些崇高的目標。

有規律的靜坐修行，即使只是每天以很短的時間來做，都是非常有益的。有人想：「我每天忙著事業、家庭、社會義務，根本沒辦法禪修。等到年紀大一點，生活不再這麼忙的時候再來禪修吧！每天禪修是比丘、比丘尼的工作。」這是不正確的！如果禪修對我們有幫助，就應該每天抽出一點時間來做。即使不想做，每天給自己一段「安靜時刻」也是很重要的。我們需要時間讓心靜下來，好好地思考自己在做什麼、爲什麼要這麼做；需要閱讀佛書或做一些唱誦，我們想要快樂，就要學會與自己爲伴的獨處。在現代社會大家普遍都很忙碌的情況下，能騰出一點安靜時刻尤其重要，最好能安排在早上，也就是一天的活動開始之前。

我們總是有時間滋養身體。我們很少會漏掉三餐，因爲我們知道三餐對身體很重要。同樣的，我們應該保留一些時間來滋養自己的心靈，因爲心靈的健康對我們也很重要。畢竟隨著業力帶到來生的，是我們的心靈而不是身體。修行佛法，不是爲了佛陀的利益，而是爲了自己。佛法已經描述了如何創造快樂的因，既然我們都想要快樂，就應該盡己所能地照著佛法所說的去修。

為什麼有些佛教宗派禪修時用觀想及持誦咒語，有些宗派則不鼓勵？

因爲不同的人有不同的偏好和傾向，所以世尊教授了許多禪修的方法，每一種都是要達到相同的目標，只是從不同的優勢著手。舉例來說，注意呼吸的禪修方法，強調的是從注意呼吸中培養專注力，在這種情況下，觀想會擾亂我們禪修的對象（呼吸）。

然而，另外的禪修方法是以觀想佛像爲對象。例如淨化禪修是觀想佛陀身上大放光芒，光芒進入我們及圍繞在我們四周的所有眾生心中（眾生也是用觀想的），這樣的禪修是利用我們心性的自然傾向想像事物，再轉化成修道證悟之用。

與其觀想和男朋友或女朋友一起去度假，只會激起我們的貪著；我們觀想佛陀安詳平和的像，這樣會引發平衡、平靜的心理狀態。

同理，念咒是依我們的心會浮動不安的自然傾向，然後把它轉爲道用。我們不持續地在內心對話著喜歡什麼、不喜歡什麼；相反的，我們用這內在的聲音念誦咒語。念誦咒語能幫助我們培養專注力，並有淨化心靈的功能。

修一種法門比較好，還是多種比較好？

這要看我們跟隨的是佛教傳統中的哪個教派，以及我們的精神上師的指示而定。西藏佛教傳統是訓練多種不同的禪修，因爲我們的性格中有不同的層面需要養成，因此，我們可能做注意呼吸的禪修來平靜心靈；修慈愛的禪修以生起慈悲心和菩提心；修觀想佛陀或本尊，並配合持咒，以淨化不好的業的印記；修思維修結合止的禪修以發展空性的智慧。當我們對成佛之道的次第有了整體認識，就會了解每種禪修方法的目的，並且知道每種禪修在這條道路上應擺放的位置，然後就能夠逐漸發展許多不同的能力，以及我們個性的不同層面。

修學佛法的過程中會發展出神通嗎？這是值得追求的目標嗎？

是的，會有神通，但那不是修學佛法的主要目的。有些人會很興奮地對神通有所盼望：「等我告訴朋友關於神通的事，大家一定會覺得我很特別，然後會來求助於我。」這種想要擁有神通的動機是多麼地自我本位啊！如果我們仍然會發脾氣，對自己說的、想的、做的都無法掌控，那麼追求神通又有什麼用呢？因爲想要擁有聲望，希求受人尊敬而渴望擁有神通，如此對修行而言不僅是一種分心，甚至與修行的目的背道而馳。成爲一個親切、利他的人，對自己和他人其實更爲有利，更爲值得。

有一次一個小孩問我有沒有神通？我會不會只憑專注力就把湯匙弄彎？

我會不會讓時鐘自動停擺？我會不會穿牆而過？我告訴他這些我都不會，而且就算我會，又有什麼意義呢？這些能夠減輕世界的痛苦嗎？其實，湯匙被我弄壞的人可能會更痛苦呢！人類存在的目的不在於建立我們的自我，而是發展善良的心，以及肩負起世界和平的責任。慈愛善良才是眞正的神蹟！

如果一個人擁有善良的心，那麼培養神通可能對大家有益。然而，眞心的修行人不會到處宣揚他的神通能力。事實上，大部分有神通的人會否認他們具有這樣的能力，而且是很謙虛的。世尊反對公開展現神通，除非是爲了利益眾生而有此必要。謙虛的人總是比自誇的人令人欽佩，他們的言行舉止透露出平靜沉著、爲人著想，讓每個人都能感受到，並心生歡喜。那些降低自己的自大自豪，以慈愛善良對待別人，並展現智慧的人，才是我們能信任的人，他們的所作所爲都是爲了別人的利益，而不是爲了自己的名望與財富。

禪修有沒有危險？有人說禪修會讓人瘋狂，是真的嗎？

如果跟隨一位有經驗的老師學習禪修，他教授我們的便是一種可靠的方法。同時，如果我們正確地照著方法學，就一點都不會有危險。禪修只是在養成心靈的好習慣，我們是以漸進的方式去做。所以，做進階的修行如果沒有適當的教導，是很不明智的。如果我們慢慢地訓練自己的能力，一定會毫無困難地進步到深一層的修行，然後有一天我們會成爲佛陀。

第五章

無常與痛苦

這章在說什麼？

思維無常、死亡和不滿足感的目的，並不是要令人感到沮喪，也不是要把歡樂從我們的生活中抽離，而是要擺脫我們的執著及錯誤的期待。接受困頓和痛苦，並不表示我們變得冷淡、認命於痛苦，而是我們在某一特別時刻的感受，就是那個時刻當下的實相。

佛法談到許多關於無常、死亡和痛苦的道理，這樣對生命不是一種不健康、消極的態度嗎？

「苦」這個字並不是一個很正確的巴利文或梵文翻譯。梵文的發音是「度卡」（dukha），有「不滿足的感受」的涵義，意指在我們的生命中，所有事物都不是完全美好的。雖然多數人並不覺得自己一直在受苦，但是都會同意在我們的生命中，並不是每件事都完美。即使當我們很快樂的時候，也無法保證事情會持續地美好，一件小小的事件就能改變我們的體驗感受，所以，

「不滿足的感受」、「度卡」或「苦」就是針對這個意思而言。世尊只是在描述我們的現狀，所以應該說他很實際，而不是消極的。世尊描述這些動機，是爲了幫助我們找到脫離痛苦的方法。

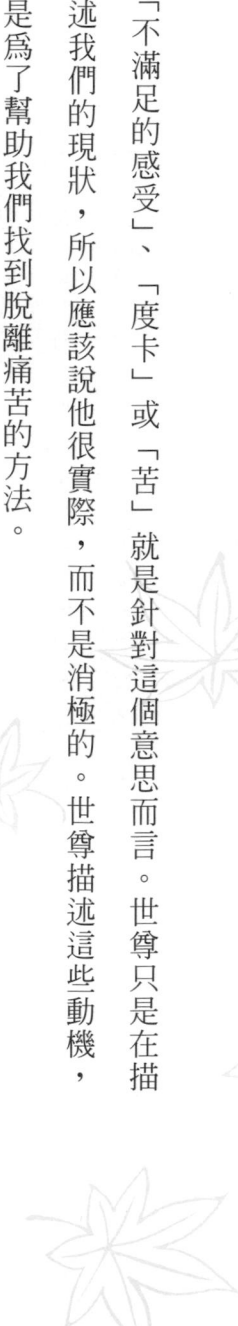

思維無常、死亡和不滿足感受的目的，並不是要令人感到沮喪，也不是要把歡樂從我們的生活中抽離出來，而是要擺脫我們的執著及錯誤的期待。如果想到這些，就讓我們變得情緒性的害怕和沮喪，就表示我們思維得不正確。禪修時思考這些主題，應該會讓我們的心情平和、神志清明，因爲它會減少我們對生活的執著，以及由於執著而造成的困惑。

現在，我們的心很容易被執著造成的錯誤投射所障蔽，我們以一種不切實際的方式看待人與物。事情其實每一刻都在改變，但是對我們來說卻是一定的、不變的，這就是爲什麼我們看到事情破滅時會覺得苦惱。我們會說：「所有事物都是無常的。」可是這一番話和我們內心的看法並不一致。我們的心裡總誤以爲身體和所愛的人是不會改變的。就是這種不切實際的觀念令我們痛苦，因爲我們對無法實現的事物有所期望。我們所愛的人不能永遠活著；人與人的關係不會永恆不變；離開了展覽館的新車不會一直嶄新亮麗。當我們和所愛的人分開；當我們破產；當我們的身體變得蒼老或變得年老力衰，我們就會不斷地失望和痛苦。如果我們對這些事情有比較符合事實的看法，能夠接受事物的無常，不只是口頭說說，而是發自內心，也就不會有失望的痛苦了。思維無常和死亡，還能消除許多不必要的擔憂，這些擔憂會使我們無法放鬆，得不到快樂。一般來說，當我們遭受批評或羞辱時，會不高興；當我們的錢被偷時，會生氣；別人升遷到我們一直想要的職位時，我們會嫉妒；我們對自己的外表和體能洋洋得意；以上這些態度都是煩惱，在我們的心相續中會留下有害的印記，在來世和今生繼續帶給我們問題。然而，如果我們思維這些事物的短暫本性，接受生命總有結束的一天，而且我們死時，沒有一樣東西可以帶走。有了這樣的理解後，就會停止誇大這些事物的重要性，並且不再那麼困擾我們了。

但這並不表示我們對周遭的人與環境變得冷漠、無動於衷。相反的，藉著消除恆常不變的錯誤觀念，以及由錯誤觀念衍生出的煩惱，我們的心靈會變得更清明，更能享受事物本來的面貌。我們更能活在當下，欣賞事物當下的面貌，而不會對事物應該怎樣或可能會怎樣心存幻想。我們對小事會比較少擔憂，靜坐時也比較不會分心。別人如何對待我們，我們也不會過於敏感。因爲我們還在問題不斷發生的循環中，當不愉快的事件發生時，由於深入思考無常和不滿足的感受，我們因而較能處理並面對問題。總之，思維這些眞理，會讓我們的精神狀態更爲健康。

因此，了解人一定會死的道理，可以激發我們深入思考生命裡什麼是重要的，什麼要擺在優先的位置。如果我們能這樣做，生活會比較光明、有活力，如此當生命大限來到時，我們不會後悔。舉個例子說，很少人會在臨死前想：「我以前應該多加班才對。」倒是很多人臨死前才後悔自己對別人不好，或後悔沒有告訴所愛的人自己愛他們，也有人臨死時後悔做太少的心靈實修。由於事先思考死亡，活著的時候，就會去做我們認爲重要的事，這樣當死亡那一刻來臨時，就能避免遺憾和後悔。

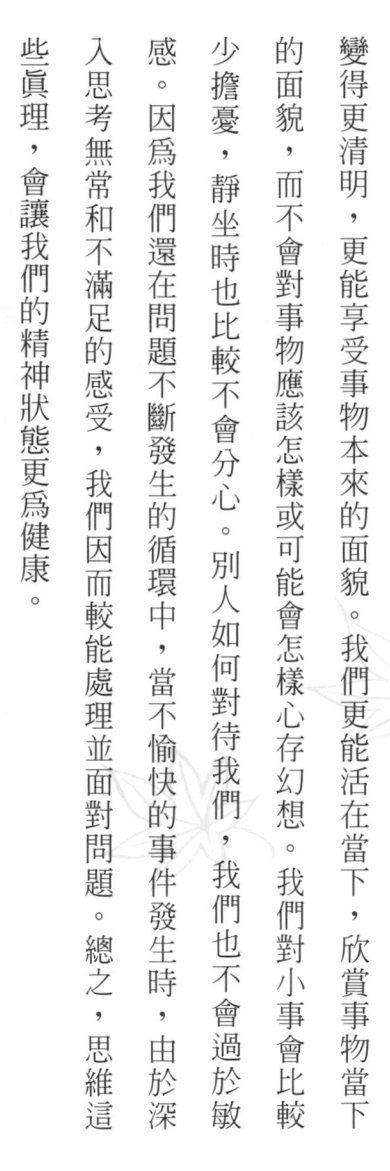

為什麼會有痛苦？我們如何阻擋它？

不滿足感受的產生有幾個原因。第一個原因是煩惱，例如無知、貪著、瞋怒。第二個是我們做的有傷害性的行爲，例如殺傷、偷盜、說謊，都是由煩惱所推動。藉由開展無我的智慧，我們可以滅除煩惱以及煩惱所生的污穢行爲，從而阻擋我們的問題根源，最後是痛苦的果報不會發生，取而代之的是，我們住在永恆快樂的境界——涅盤。在產生智慧前的同時，我們做淨化的修行，可以擋住以前做的惡行所產生的果報。世尊也教授了許多關於如何在心靈上把困難轉爲道用的技巧，當我們有問題時，可以從中學習，並且去修習這些技巧。

一定要受苦才能得到解脫（涅盤）嗎？要成佛一定得捨棄世間嗎？

修習世尊的教法會帶來快樂而沒有痛苦。這條心靈修道之路一點都不苦，而且痛苦也沒什麼長處可言，我們已經有夠多問題了，沒有道理以修道的名義再惹來更多的問題。但是，那並不表示修習佛法不會產生任何問題。在修習佛道上，我們之前果報還沒成熟的惡業可能會成熟而對我們產生問題。當這種情況發生時，我們可以用世尊的教法把它轉成道用。有時候我們會生起強烈的怒氣、貪著或嫉妒，以致修行時無法平靜，這是因爲我們的煩惱尚未淨除的關係。畢竟我們不會因短時間內修學佛法就希望能夠成佛，我們可以運用世尊的教法來減低這些不愉快的情緒，同時也了解到淨化心靈需要時間，對自己要有耐心。

雖然英文「renunciation」（字面為「捨棄」的意思，中文佛教譯為「出離」）常用在佛教的翻譯上，但它並沒有傳達出精確的意義。「出離」應該這樣了解比較正確，即：我們必須要有脫離輪迴，獲得自在的決心。我們不須要捨棄人與物，而是要捨棄對人與物的執著。世間不是本來就有問題，眞正的問題在於我們的煩惱。舉例來說，錢本身沒有問題，它只不過是紙張而已；然而我們對它的執著和渴望，就會產生很大的問題，這種錯誤的、有害的態度，才是應該捨棄的。當然，如果我們對某事很執著時，最好還是跟那事物保持距離一段時間，讓我們的執著沉澱一下。如果我們執著於冰淇淋，最好就不要進去冰淇淋店！等我們培養出平衡、利他的動機，就可以實際地運用以前執著的對象去利益眾生。

佛教談到接受痛苦，也談到自痛苦中解脫，這樣有矛盾嗎？

沒有矛盾。接受我們的困頓、痛苦，並不表示變得冷淡、認命於痛苦，而是我們在某一特別時刻、不管是什麼時刻的感受，就是那個時刻當下的實相。當我們拒絕接受這樣的感受，就與實相矛盾了。相反的，我們可以既接受目前的不愉快，又可以做讓我們遠離將來不滿足之感受的事情。例如，如果我們接受世間的短暫自性，就會停止嘗試要掌控本來就不能掌控的事情，我們會平靜地面對人生所呈現的面貌，同時因領會到所有眾生都有超越痛苦、證得覺悟的潛能而發願利他，去做利益他人的事。

第六章

無我

這章在說什麼？

由了知空性的道理，能淨除內心的污穢與障蔽。以空性來熟悉我們的心，我們將逐漸消除所有無知、生氣、貪著、驕慢、嫉妒和其他煩惱，以及心相續中的負面情緒。因此，我們將不會再做由煩惱所策發的惡行。換句話說，了知空性的智慧，才是真正達到快樂的道路。

「無我」與「空性」同義嗎？了知無我或空性有什麼好處呢？

從哲學的角度更深入地探索，雖然無我與空性的道理有區別，但一般而言，這兩個術語是同義詞。由了知空性的道理，我們能淨除內心的污穢與障蔽。目前我們的心被無知所遮蔽：我們看自己和現象界的存在方式，並不是它們眞正存在的方式。就好像整天戴著太陽眼鏡的人，看到的一切都是灰暗的，於是就認爲一切事物就是這個樣子。事實上，如果他們拿掉太陽眼鏡，會發現事物其實以不同的方式存在。

另一個關於無知觀點的比喻是：就像電影院裡的觀眾把劇中人物當成眞實的一樣，變得很情緒化，甚至融入角色的命運中，因爲對劇中英雄角色的執著，於是便與威脅英雄的角色產生對立。觀眾看到英雄受傷了，甚至會隨著情節尖叫、捲縮或從座位上跳起來。事實上，這些反應都太激烈了，因爲螢幕上的人物根本就不是眞實的，他們只是那些依影片、投影機和螢幕因緣和合而成的投影罷了。了知空性的道理，就像了解電影人物是虛妄而非眞實一樣。然而，角色的形相是存在的，只是依賴影片、演員、螢幕等組合而有。一旦了解這個道理，我們仍然可以有欣賞影片的樂趣，但不會再跟著劇中英雄的遭遇導致情緒上下起伏。

生起直觀空性的智慧後，我們了解自己和現象存在的方式，即我與現象並沒有我們加諸在上面的想像投射，其中最重要的，是對實有存在的投射。有這樣的智慧了悟眞相，我們就能漸漸擺脫被無知所繫縛。因此，以空性來熟悉我們的心，我們將逐漸消除所有的無知、生氣、貪著、驕慢、嫉妒和其他煩惱，以及心相續中的負面情緒。因此，我們將不會再做由煩惱所策發的惡行。能不受無知、負面情緒、惡行所影響，我們就能脫離問題產生的根源，問題也就不會發生。所以，換句話說，了知空性的智慧，才是眞正達到快樂的道路。

「所有人與現象是真實或實有的空」是什麼意思？

意思是說：人（如你、我）和現象（如桌子等）並沒有我們投射在他們之上的想像性質。我們對人與現象的投射，其中一個主要讓我們信以爲眞的性質就是，他們都是實有的。也就是說，人與現象不須要依賴因緣、其他部分，創造及賦予他們名字的意識，就可以存在。因此，以我們一般的觀點，事物看起來似乎有其眞實本質，好像它們眞的存在一樣，好像我們能夠找到這些眞實、獨立的本質——如果我們尋找的話。我們看人和現象的存在，是獨立於產生它們的因緣，獨立於組成它們的部分，獨立於會構思、歸類事物的心識。

其實這些都只是實有的表面形象，然而我們的心卻抓住這表面形象，把它當成眞實。

然而，當我們層層分析、檢視這些事物，看看事物是否如外表上看起來的以獨立的方式而存在，會發現事實並非如此。它們並沒有這些想像的投射，它們仍是存在，但並非獨立存在，因爲它們需依賴因緣、組成的部分，以及會構思、歸類的心識而存在。

如果所有的人和現象都是無我或空，是不是表示什麼都不存在？

不是，人與現象仍然是有。畢竟，我還在這裡打字，而你還在看書！空性並不是虛無主義，而是我們投射於人和現象的想像是空的。人和現象是存在，但沒有我們加諸於其上的錯誤概念。它們不是以眼前我們看起來的方式而存在，也就是說，它們不是獨立而有，而是依賴而有。就像有人戴著墨鏡找尋深色的樹，其實根本沒有獨立的深色樹，可是我們不能說根本就沒有樹。樹是有的，只是它們對戴著墨鏡的人而言是不存在的。

了知空性和把心念放空、什麼都不想一樣嗎？

不一樣。當直觀空性時，內心沒有任何思想和概念；然而，光是從心中拿掉思想——可能會很平靜——並不是對空性的了知。要知道，牛的心也很單純，沒有很多概念性的想法，但牠們仍未了知空性！了知空性必須先了解空掉的是實有的存在，然後了解實有的存在只是一種幻覺，從來沒有存在過。

人們有時覺得生活很空虛，這跟世尊所說的空性一樣嗎？

不一樣。在日常生活語言的表達中，我們說人覺得很空虛，那是當他們缺乏生活目標，或與他人沒有親近的關係，或欠缺生命意義的時候。這是因缺乏外在的人際關係、清楚的個人目標，或內在的寧靜所導致，這只要經由發展自信、規劃人生的重點，以及放下不實際的期待就可以解決。

至於世尊所宣說的空性，從另一方面來說，是關於現象存在的方式，那就是非實有。也就是說，事物的存在，不是由於他們自己的力量、他們自己方面、獨立於其他事物而成立。了解這樣的空性，會讓我們覺得生命有意義且充實的感覺，因爲我們能脫離所有被限制的錯誤觀念和煩惱。了知這樣的空性，必須經由研讀、思維、禪修佛陀教法才能達到。

心理學家告訴我們很強的自我意識對心理健康是必需的；但是佛教說沒有自我。我們該如何協調這兩種觀點？

心理學家所說的那種「自我」意識，指的是覺得自己是有用的感覺，也就是對自己有信心、能在世間正常運作的自我。佛教同意這樣的自我意識是實際的，也是需要的。然而，佛教所說的自我意識其實是不實有的，這個自我意識是指一種很堅固、改變不了、獨立的「我」，這樣的自我從來不曾、以後也不會存在。要明白這個道理，就必須了知空性。

不過，聽起來可能有點奇怪，心理學上被認爲自我意識薄弱的人，在佛教的說法卻是被認爲強烈自我執著的人。例如，一個有強烈自卑感的人，注意力可能都集中在自己身上，他所感受到的不如人、沒人愛、失敗者，都有很強的自我獨立存在的感覺。從佛教觀點，這種獨立自我是不存在的，雖然在心理學上，一般的自我是存在的。

什麼是了知「實有空」最好的方法？

對空性的了知其實是很難的，在這條修道路上，要到高階段才能獲得，所以我們必須慢慢地達到。這條覺悟、自在之道是一條逐漸的、有次第的修行之道。首先，我們要先在基礎階段練習，例如修無常、皈依、出離心、慈心、悲心，然後跟隨通達經教、具慈悲心的精神上師聽聞空性的教法。當我們思維、研討這些教法，我們的理解就會愈來愈清楚。一旦我們對思維的主題有了清楚的概念，就可以開始用禪修的方式，將主題與心靈結合起來。

有一種禪修是觀人的空性，稱爲四點分析法。第一點是要辨認實有的東西不存在。做這一點的方法是：回憶一段我們處在負面情緒的時期，例如，有人冤枉我們時，會感覺有股強烈的獨立自我生起。第二點是確定是否有這樣的獨立自我存在。這獨立自我是不是跟身或心相同，或完全與身心無關，然後一方面把注意力集中在獨立自我的感覺，同時一方面研究、發現能不能找到這獨立的「我」。我們檢視身體，看看身體的各部位是不是「我」；我們檢視自己的內心，看看任一種精神狀況和覺知是不是「我」，這是第三點。第四點，檢視「我」是否在別的地方，完全與身、心分開。確定了這樣的獨立自我在哪裡都是找不到的，我們於是下結論說：它根本就不存在。這樣沒有一個實有的自我，就是所說的人的空性，我們於是集中在這一點上。

在做空性的禪修時，一定要很小心，不要陷入虛無主義的極端，想著一點都沒有自我的存在。雖然獨立的自我並不存在，但一般的、依賴因緣的「我」還是有的。

第七章

心怎麼運作？

這章在說什麼？

一切事物都是依因緣而成的，不可能無中生有。我們周遭所看見的物質世界的形式，都是由形式的前一個時刻所產生，因此，形式的延續是永無止盡、不斷地可以往回追溯的。

佛法與科學有什麼關係？

兩者有很多共通點：例如，都須要有邏輯和研究精神，以探討確認現象的本質；還有，兩者都不鼓勵在學習階段盲從的相信，而鼓勵儘量產生疑問。佛法和現代科學理論中關於宇宙的發源或人類的物理演化，並不相衝突。事實上，法王達賴喇嘛說過，如果科學的發現和佛教經典中所說的相衝突的話，佛教徒就應該接受新的資訊；然而，如果科學沒有直接反證經典所說的，就不須要捨棄那觀念。舉個例子，雖然科學家還沒有證實輪迴的存在，但他們也不能證實它不存在。

科學與佛法都用因果來解釋事物的運作。科學探討因果在物理、物質世界的運作，佛教則是由心的觀點來探討因果，兩者都強調現象相依賴的本質。事物的成立依賴於因緣、組成的各部分，以及觀察與分類命名的意識。量子物理學家在實驗中愈來愈察覺到後者的因素，他們認知到實驗者也不是一個獨立的主體，能夠客觀地觀察外在的現象。即使是觀察而已，他或她仍會影響到實驗的結果。這就和佛法所說的實有空產生關係了。實有空強調意識與意識的感知對象，兩者相互依存的關係。

許多科學家相信不可能找到最小、不可分的、而且所有事物都是由其產生的分子或粒子。佛教也同意：孤立這些極微小的獨立粒子是不可能的。不過法王達賴喇嘛在與科學家的會議中提到：有一種非獨立存在的「空間粒子」包含了宇宙中所有元素的潛力。至於「空間粒子」正確的意思是指什麼，它與科學的理論、發現如何結合，還須作進一步的探索。

佛教「互相依賴而產生」的觀念還可以用在神經學的領域。神經學不會把覺知看成是一個孤立的現象，而是看成各種因素結合的呈現。就像科學家說覺知的發生不可能分出一個特定的細胞或化學電學的過程來談；佛教說認知的發生是依賴於各種不同的因素，而其中沒有一個因素可以是認知本身。

愈來愈多的科學家對佛法有興趣，有些佛教學者則正在學習現代科學。法王達賴喇嘛已參加過許多次科學家座談會，大家都公認頗有成果。另外，法王達賴喇嘛還鼓勵出家人學習科學，並把科學的觀點併入僧人的辯經中。

這個世界是怎麼創造出來的？

一切的產生都是由因緣製造出來的，不可能有無中生有的事物。我們周遭所看見的物質世界的形式，都是由形式的前一個時刻所產生，這是科學家調查研究的領域。目前有很多科學家同意「霹靂說」理論：所有的宇宙形式，起初本來是緊密地壓縮著的，但是在發生霹靂之前就有物質存在，那是一種微細的物理元素的延續活動，而且發生在我們的宇宙之前的其他宇宙上。因此，形式的延續是永無止盡、不斷地可以往回追溯的。

什麼是心（mind）？

我們的心是所有情緒和認知的經驗，它不只包括能覺知顏色、形狀、聲音、氣味、味道、觸摸的意識，還包括思考、有能力直觀更細微的對象，例如空性的這種精神意識。「心」在佛教的意思還包含例如「他很好心」的「心」（英文mind 一般是指大腦智力方面，所以作者在此還增加heart 「心地」來解釋，而中文的「心」本來就有大腦智力和心地的意思）。爲了強調意識的連續性，我們也會用「心相續」來表示心。每個人都有自己的心或心相續。心是無形的，而頭腦則是身體的一部分。我們的身體和心是兩回事：心是精神的、非物質的，身體是微小物所組成的物質。

大腦和心有什麼關係？

大腦是一個生理器官，是由微小物所組成；心是無形的，有清晰、覺察的特徵。活著的時候，我們的大腦和心互相影響，大腦爲我們的感官意識和總體的精神意識提供物質的支助，如果大腦和中樞神經系統受損了，心的作用就會受影響。同樣的道理，我們的精神狀況，不論是平和的或激動的，也會影響身體健康和我們的神經系統。

根據佛教的說法，心還有更微細的層次，不須仰賴物質身體的支持。會延續到下一生的微細心識，就是一個例子。因此，高證量的修行者，腦死後都還能用他們的微細心識禪修。法王達賴喇嘛的老師林仁波切，在斷氣後十三天都處於這種狀態中。科學家們對於這樣的研究非常感興趣，他們已得到法王達賴喇嘛的允許，可以測量高證量修行者臨終時與死後的大腦運作。問題是這個行程很困難，因爲當高證量修行者要圓寂時，科學家就必須在印度準備好設備。

什麼是再生？

再生是指人的心識在無知與染污行爲的影響下，從一個身體到另一個身體。我們活著的時候，身與心是息息相關的，而死的時候則是身、心分開，各自有它們的延續：身體變成屍體，心識則繼續到另一個身體。

在無知與染污行爲控制下的再生過程叫做「輪迴」，是我們所經驗的問題不斷重複發生的一種循環。輪迴中，眾生在六種生命形態流轉生死。其中三種生命形態是地獄、餓鬼、畜生，過著痛苦比快樂多的日子；另外三種生命形態是人、阿修羅、天人，被認爲是比較快樂的生活。眾生在六種生命形態中不斷地重複生死，直到脫離無知，獲得自在，才會停止輪迴。

我們的心識何時開始的？誰創造了它們？

心識的每一剎那都是前一剎那的延續。我們是誰、在想什麼、感覺到什麼，要視我們昨天是什麼、做什麼而定。我們現在的心識是昨天心識的延續，這就是爲什麼我們能記得過去所發生的事情。我們心識的當下刹那，都是由前一刹那引起的，這樣的延續可以追溯到童年，追溯到母親子宮內的胎兒期，甚至在懷孕期之前，心識就有了，它是與另一個身體相連結的。

因此，心識沒有起點，而且它的延續也沒有終點。這個道理剛開始可能很難理解，可是如果用數目線的例子，就會比較容易了解。以「0」的位置爲中間點，往左看，並沒有第一個負數；往右看，也沒有最後、最高的數字，總是有一個數字可再加上去。同樣地，我們的心相續無始也無終，我們都有無限數目的過去生，我們的心識也將無止境地延續下去。

事實上，我們的心識要有個開始是不可能的，因爲心識的每一刹那都是它的前一刹那所造成的。如果有起點，則這第一刹那的心識就沒有產生它自己的因，或者它是由某種非前刹那的心識所生，這兩種說法都是不可能的，因爲心識只能被自己續流裡的前刹那的心識所產生。藉由淨化我們的心相續，可以讓來生比今生更好。

每一生靠什麼來連接？有沒有靈魂、大我（譯註：此為印度教的說法）、自我，或從這一生帶到下一生的真實人格？

我們的心識有粗的和細的層次。看、聽、聞、嚐及感覺的感官意識，還有忙著想東想西的念頭，都是粗的精神意識。我們活著的時候，這些粗的意識活躍地活動著；死亡的時候，這些意識便停止運作，進入細微、更細微、極端細微的心中，這極細微的心識承擔著行爲的印記（業力）。死了以後，極微細心識（它不是呈靜止狀態，也不是獨立實體）繼續著，離開原來的身體，經過中間階段（佛教稱死後、未投胎前為「中陰身」），然後進入另一個身體。受孕時，極細微心識與另一個身體結合，粗的感官意識與粗的精神意識會再現，於是這個人又可以看、聽、想等等。這個從一生到另一生的極微細心識，是一個不斷地在依賴因緣而改變的現象。因爲這樣的緣故，它不被認爲是靈魂、大我、自我或眞實人格。因此，世尊教導無我的教義──「人」，是沒有一個實在、獨立、可找得到的東西、可抽離孤立出來的。

植物有心識嗎？它們是衆生嗎？電腦能成為衆生嗎？

根據藏傳佛教，一般來說，植物不是眾生。它們有生物的活力，但並不表示它們有意識。植物可能會對音樂或對人跟它們說話有反應，就像鐵屑靠近磁鐵會有反應一樣，但這並不能表示它們有心識。不過，有一些罕見的例子，例如因爲一個人過去的行爲，他的心識可能被樹吸引而棲息於樹裡。

當問到電腦有沒有意識時，法王達賴喇嘛回答說，如果某個時候電腦有能力可以成爲意識的身體，以及如果一個人造了業，並再生到一台電腦裡，這樣，這台電腦就能成爲眾生。

有沒有一種宇宙的心識，而我們都是其中一部分？

根據佛教的說法，沒有。我們各自有各自的心相續。然而，當我們淨化了自己的心，成佛了，就不再有分開的、孤立的個體的感覺。我們雖然成爲個別的佛陀，但我們有相同的精神證悟，不會有與人隔開的感覺。

無知從何而來？我們本來是覺悟的，之後與覺悟境界分開了嗎？

不是這樣。一旦覺悟了，就沒有再變回去無知和困惑的因了。如果心中不圓滿的因還在，這個人就還是無知的。因此從佛教的觀點來看，我們並不是曾經成佛然後又墮落，離開了那個境界。這樣的情況不可能發生，因爲沒有發生這樣的因。

雖然所有的眾生都有佛性或成佛的潛能，但我們的心識從無始以來就已被無知所障蔽。每一剎那的無知都是由它前一剎那所產生，並沒有一個起點，也不是一個外在的事物創造了它。不過，雖然無知沒有開始，但卻是有終點的，可以被空性智慧所淨除。一旦我們看到了實相，我們的心就不會再無知地誤解世間事物了。

什麼是佛性？

佛性是指所有眾生都有完全覺悟的潛能，這是與心分不開的一部分。覺察到佛性，對我們的自信與希望會有穩固的基礎。我們的佛性就像廣大的虛空，永遠存在。雲層可能會暫時遮住虛空，但是因爲雲與虛空的不同質性，雲還是可以淨除。同樣的，我們的心識更深層的本性是清淨的，但它暫時被煩惱、負面情緒和微細污點的污穢偶然障蔽了。當這些污穢經由修行而淨除時，我們就成爲圓滿證悟的佛陀了。

為什麼我們記不起自己的前世？

目前我們的心識仍被無知所障蔽，所以很難記得前世。而且，在我們臨終及投胎的時期，身與心發生了許多變化，讓回憶前世更加困難。然而，我們記不得某事，並不表示那件事就不存在。有時候我們會連車子的鑰匙放在哪裡都不記得，也記不起來上個月吃了什麼晚餐呢！

有些人能記得他們的前世。西藏有一種認證制度，能認出高證量大師的轉世。通常這些師長在孩童時期就能夠認出他們前世的朋友及前世的擁有物。有些普通人經由靜坐或催眠，也能記起前世。例如，有個英國女人，小的時候便記得自己前世所住的村子，並且還能畫出圖畫。她還記得那時候的家庭：她是八個小孩的媽媽。長大後，她去了那個村子，也見到了她前世的兒子，那時兒子已經七十多歲了。她的兒子也能證實她前世的記憶，因爲兒子對童年的一些回憶跟那女人的前世記憶一模一樣。

知道我們的前世是什麼很重要嗎？

不。重要的是這一世我們要怎麼過。如果知道自己的前世能幫助我們生起強烈的出離煩惱、輪迴的決心，那麼知道自己的前世就是有助益的。若只因好奇而想知道自己的前世則是沒有用的，因爲那可能會讓我們驕傲：「過去生我是國王！」「我前世好有名氣，好有天分！」「我過去生是愛因斯坦耶！」但，這又怎麼樣呢？事實上，在輪迴流轉中，我們有無數的過去生，已經什麼人都當過，也什麼事都做過，現在最重要的是：淨除以前所做的惡業，避免再造新的惡業，把精力放在積極正面的能力，發展我們內心好的特質。

藏人有這樣的說法：「若要知道你的前世，看看你現在的身體就知道；若要知道你的來世，看看你現在的心就知道。」我們今生的投生，是以前造業的果報。能投生在人道是很幸運的，因爲這是我們前生過著合乎道德的生活所造下的因。能有這些好的因，很有可能前世也是在好的投生之道（之前有談到輪迴六道中，天、人、阿修羅屬於好的道），因爲若是在不好的道（即地獄、餓鬼、畜生），則很難造善業。換句話說，我們的來生決定於今生的想法、說話、行爲，以及動機。因此，看看我們現在生活中的態度和情緒，並檢視這些態度和情緒是建設性的還是破壞性的，差不多就可知道自己下一世會投生到哪一道。我們不須要去算命，告訴我們以後會變成怎樣，只要觀照一剎那、一剎那我們的行爲、話語、思考所留在心相續的印記是什麼就知道了。

如果每個人都有前世，如何解釋人口的增加？

所有現在活著的人，前世不一定是地球上的人類，他們有可能在另外五道，或在其他宇宙。地球在宇宙中只是一個小小的點，佛教相信其他地方還有生命，而一隻動物死了以後也有可能投生爲人。

第八章

業：因果的運作

這章在說什麼？

業不是賞罰系統，也不是某人的創造發明。業來自於我們的動機和行為，是形成我們及現況的因。要改變造成我們痛苦的業，唯有透過身、口、意的修行才能夠被改變。

什麼是業？業怎麼運作？

業就是行爲，指有動機的肢體、話語或精神行爲，這些行爲都會在我們的心相續留下印記或種子。在適當的因緣和合下，印記就會成熟而成爲我們的經驗和遭遇。例如，因爲出於好心而助人，這個行爲在我們的心相續中留下了印記，當因緣和合、我們需要幫助時，這個印記會成熟，讓我們得到幫助。如果一種行爲會帶來長期的痛苦和不幸，就屬於負面的、破壞的、不道德的業；如果會帶來快樂，就屬於正面的、建設性的或善良的業。行爲本身沒有好壞，只是根據行爲帶來的結果而有分別。

所有的結果來自於能夠創造它們的因。如果我們種下蘋果的種子，就會生出一棵蘋果樹，而不會是辣椒；如果種下辣椒的種子，會長出來的是辣椒，而不會是蘋果。同樣的，如果我們的行爲是具有建設性的，快樂會接踵而至；如果行爲具破壞性，問題就會跟著來。生活中感受到的快樂與幸福來自於我們的正面行爲，而問題則來自於我們的負面行爲。

行爲的種子（「種子」在佛教術語有影響力的意思）會跟著我們從這一生到下一生，從不壞失。但是，如果我們不去造某個因或某種業，就不會感受到那個結果；就像農夫如果不播種的話，就什麼都長不出來一樣。

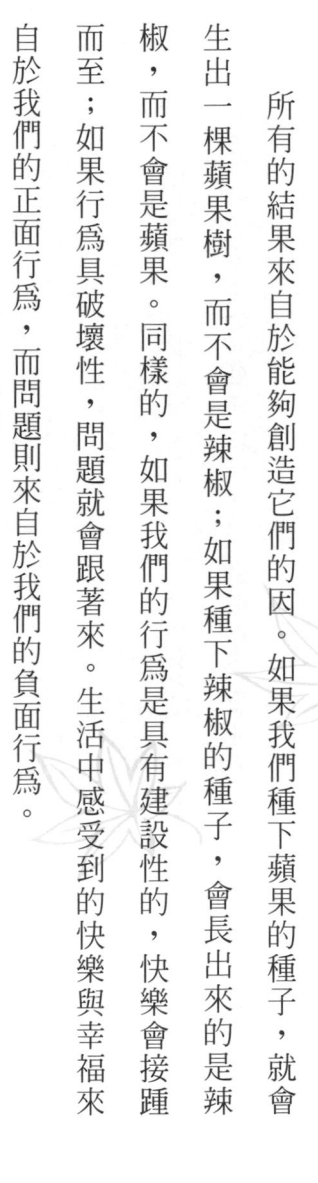

因果法則是一種賞罰系統嗎？是世尊創造或發明的嗎？

絕對不是。根據佛教的說法，沒有人在管理宇宙並給予賞罰。我們造了因，就會受到那個因的果報，所以我們必須對自己的經驗負責。就像牛頓並沒有發明地心引力一樣，世尊並沒有創造業果法則。牛頓只是在描述存在的事物，同理，世尊也只是以他全知的心，描述他所看到的。世尊看到業果法則是自然的過程，發生在每個眾生的心相續中，由此，他指示我們如何做才能在因果的作用中得到快樂、遠離痛苦。

將快樂與痛苦認爲是賞與罰的誤解，可能是由於將佛教典籍翻譯爲英文時所發生的錯誤。我曾經看過一些翻譯作品用別的宗教術語來翻譯佛教典籍，這是非常錯誤的引導，因爲像「天堂」、「地獄」、「原罪」、「處罰」和「審判」的術語，一點都不符合佛教的觀點。因此，一定要用恰當的英文語詞來傳達佛世尊教法的眞義。

「如是因、如是果」的業果法則，是否只適用於相信業果的人？

不是的。不管我們相不相信，因果法則仍在運作著；不管我們相不相信，正面的行爲就是會產生快樂，負面的行爲就是會導致痛苦。一顆水果從樹上掉下來，即使我們相信它會往上，它還是會往下掉。如果我們只須要相信沒有因果這回事，就能躲掉自己所作所爲的結果，那就太好了！這樣的話，舉個例子，我們就可以大快朵頤而不會變胖了！不相信前世和因果的人，現在仍會經驗到由前世行爲而造成的快樂。不過，由於否認因果的存在，他們必然不會試著去做建設性的行爲，以及避開破壞性的行爲，他們可能會發揮少許的正面潛能，而且不在乎發揮許多負面的潛能。相反的，知道因果的人會試著留心自己的想法、話語和行爲，以避免傷害他人，並避免留下不好的印記在自己的心相續中。

業有什麼影響？

業會影響我們下一生，也就是我們所選取的生命形態。業也會影響到我們的生活際遇，例如別人如何對待我們、我們的財富、社會地位等等。除此之外，業還會影響我們的性格，如我們的潛能、人格特質及習慣。還有，我們的生長環境也受到業的影響。

為什麼有人從事破壞性的行為，看起來卻很有成就而且快樂？為什麼有人不相信因果，卻過著美滿快樂的生活？

當我們看到不誠實的人很有錢，或殘酷的人很有權力，或好心的人早逝，可能會懷疑業果法則，這是因爲我們只看到短短的這一世。許多我們這一生經驗到的結果，是由前生行爲所造成的，而我們這一生的所作所爲則要等到下一生才成熟。不誠實的人的財富，是由於前世慷慨的結果，而他們這一生的不誠實會留下業的種子，讓下一生被欺騙而經歷貧窮。同樣的道理，殘酷的人受人尊敬又具權威，是由於前世所做的正面行爲；現在他們濫用權力，將會造成未來痛苦之因。好心的人早逝，是因爲過去生造了負面的行爲所產生的結果；然而他們這一世的好心，會在心相續中種下種子或印記，在未來世受到好報。

關於不同行爲會造成什麼樣的結果，在佛教典籍中有略述一些一般性的指導原則。不過，只有佛陀全知的心靈才能夠完整地了解業果成熟的細節。例如，經典告訴我們殺生會導致短壽、慷慨創造財富，但是一般人無法確切知道我的朋友蘇珊的前世是什麼，她曾對誰慷慨過，曾布施了什麼東西，所以導致她這一世會這麼有錢。

行爲的因與它的結果之間的運作是很有彈性的。例如，雖然我們知道侮辱別人會帶來下一生不幸的果報，這是原則，但是不幸的果報還是有輕重之別。如果造的業很重——例如很生氣、不斷地辱罵許多人，事後又對傷害了他們而沾沾自喜，這樣會比偶然地譏笑某人、事後對自己的愚魯莽撞行爲感到後悔的果報嚴重。另外，業種子成熟的時間條件也會影響特定的果報發生。

團體會一起造業嗎？

會。業可以有共同的和個別的。共業是一群人共同做的行爲，例如士兵們用武器，一群修行人集體祈禱、禪修，這樣的果報是由團體承受，通常會在來生時受到果報。團體中成員的思想、語言、行爲又有個別差異，於是造的是個別的業，這樣的果報是由個人去承受。

我們所做的一切都必須遭受果報嗎？

只要是種子，即使很小，種到地上遲早會發芽。也就是說，除非它們沒有接受到成長的必需條件，如水分、陽光、肥料，或者種子被燒掉，或被拔離土地。最徹底連根拔起業的印記或種子的方法，就是禪修空性。依我們的程度，要這樣做很困難，但我們至少能淨化有害種子，不讓它成熟，就類似於避免讓種子接觸水分、陽光和肥料。

我們如何淨化負面的印記？

以四種對治力來達到淨化是非常重要的。四對治力不只能避免未來的痛苦，還可以消除罪業。經由清淨我們的心靈，我們會比較平和，也比較能專注，還更能理解佛法。這四種用來淨化負面印記或種子的對治力是：

一、懺悔

二、決心不再做

三、皈依並生起利他心

四、對治實修

首先，我們承認並後悔自己做了不好的行爲。這與自責、自疚不同。自責、自疚是沒用的，只會讓我們處於焦慮當中。相反的，我們是眞心地承認錯誤，並且後悔犯了錯誤。

第二，我們下定決心不再做。如果那行爲是習慣性的，並且做得很頻繁，例如批評別人，我們還說這輩子永不再犯，就很虛僞了。這樣的解決方法比較好：我們試著不再犯，並且定出一段確切的時間，例如幾天，然後在這段時間特別警覺與努力。這樣的話，我們也會對能夠達成承諾生出信心。

第三個對治力是皈依及生起利他心。我們破壞性行爲的對象通常不是跟聖體（如佛、法、僧）有關，就是跟眾生有關。爲了跟聖體重新建立起良好的關係，我們藉由皈依聖體來尋求他們的指導；爲了修好我們與他人的關係，我們發願成佛以便眞正的利益眾生，由此我們生起利他的態度。

第四個對治力是採取改善的行爲，也就是實踐任何一種正面行爲：聽聞教法、閱讀佛典、禮拜三寶、供養、念佛號、持咒、雕塑或繪製佛像、印經、打坐等等。我們還可以到社區提供服務，到學校、醫院或環保機構擔任義工，幫助有困難的人，或者也可以到佛法中心或寺廟服務。最有力的對治行爲是禪修空性，因爲無概念的智慧能連根拔除負面印記，因此也就結不出果子來。

四種對治力一定要重複地做。由於我們做了太多的破壞性行爲，所以不能期望惡業種子能馬上消抵掉。四種對治力愈強，例如懺悔愈強，不再犯的決心就愈穩固，淨化就會愈有力。每天晚上睡覺前用這四種對治力來淨化自己，抵消掉我們一天所做的不好行爲會很有效果。

如果有人會因為所做的負面行為而承受苦果，是否表示我們不能也不該幫助他們呢？

絕對不是這樣！我們都知道痛苦的感覺是什麼，這也正是別人爲他們的惡行所受到果報的感覺。出於同理心與慈悲心，我們絕對應該幫忙！雖然他們目前的困境是自己造成的，並不表示我們就應該站在一旁說：「喔！太慘了！你們眞可憐，當初實在不該做那不好的事。」

業並不是死板或是具體的，也不是指宿命或預先注定。人可能造了遭受苦果的因，但可能也造過從我們身上得到幫助的業因，使我們現在要幫助他。更有甚者，我們都知道如果自己處於這種情形下的感受會是如何，我們都是一樣——要遠離痛苦、得到快樂。所以不管是誰的痛苦或是什麼問題，我們一定要試著幫忙解圍。例如這樣想：「窮人爲什麼窮，是因爲他們前世吝嗇的緣故，如果我試著幫忙，會干涉攪亂了他們的業。」這是很殘忍的錯誤觀念。我們不應該把自己的懶惰、冷漠或自以爲是合理化而錯誤地詮釋因果法則。慈悲與宇宙責任感對提升我們的心靈和世界和平是很重要的，是佛法所有修行的基礎。

業果影響著我們會碰到什麼人，以及我們和這些人的關係嗎？

是的，但這並不表示這些關係是預先注定的。我們會特別親近某些人，與某些人卻會有摩擦，可能有某些注定的業，但是，這些關係也可能不會照著同一條線繼續發展下去。如果我們善待講我們壞話的人，試著和他們有效的溝通，原本不好的關係就會改變，而我們也造了將來獲得快樂的正面業因。

我們和他人之間並不是被業綁得死死的，也沒所謂的「靈魂伴侶」——只適合我的某特定的人。因爲既然我們有無始的前世，我們必然已接觸過每個眾生，而且我們和任何一個人的特殊關係都在不斷地改變中。

但是，過去業的牽連會影響今世我們與人的關係。例如，某人的前世曾經是我們精神上的良師益友，我們這一世可能就會被他所吸引，他或她教授我們佛法時，也會深深地刻印在我們的心識裡。

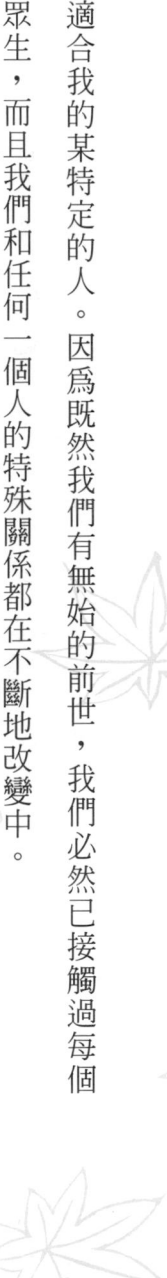

了解業的因果能幫助我們更了解發生在我們身上的事嗎？

是的。我們感受到的快樂，來自於以前曾做過的正面行爲。了解這一點能鼓勵我們更積極，而不會消極地錯失良機。

若生活中遭遇一些困難，我們應深思這個行爲我們以前一定做過，因而造了現在感受到果報的因，這樣會鼓勵我們更小心地覺察自己的想法、言語和行爲。學習佛法能讓我們知道更多關於業果法則的細節，也就是特定的業因會有什麼特定的果報，然後爲了獲得自己想要的果報，我們改變自己的行爲，在心識裡種下更多的種子。有一本書叫《利器之輪》，對於闡述什麼樣的果報是由什麼樣的因所造成，以及我們以什麼方法改變自己的態度和行爲，使得我們能夠創造未來快樂的因，有很好的詮釋。

人會投胎成為動物，動物也會投胎成為人嗎？如何以業來說明這種可能性？

是的。根據生前的所作所爲，當我們死時，我們的心識會被六道中某一種形態的投胎所吸引。一個人會投胎成爲一隻動物，聽起來似乎難以想像，但是如果我們仔細想一想，事實上有些人表現得比動物還差勁，所以對於人能投胎爲動物就不以爲奇了。例如，動物只在面臨生命威脅或饑餓時才會有殺戮的行爲，而有些人卻會爲了運動、名聲、權力而殺。如果人的心識習慣傾向於某一方面，他或她的身體將來便會相應於那方面的心識狀態。同樣的，動物能投胎爲人，雖然大多數動物要做那些正面的行爲很難——難以教一隻狗打坐或提供社區服務——但還是有可能的。因此，西藏人會帶著他們的動物一起繞行佛塔，就是爲了在動物的心識中刻印下好的印記。還有人會在祈禱或持咒時故意唸出聲，讓他們的動物能聽到那具有撫慰性的聲音，即使動物並不了解什麼意思。

普通凡夫的心識中都擁有負面與正面業的印記。我們會投胎成爲什麼，並不是由所有過去所做業的總累積而決定，而是有些種子成熟，其他的種子則維持潛伏狀態。因此，若有人死的時候很餓，這時一些負面的印記可能會成熟，他可能就會投胎成爲一隻狗。然而，還有正面的印記仍留在他的心識中，當因緣和合，正面的種子成熟，又會讓他再度投生爲人。

第九章

臨終、死亡和中陰身

這章在說什麼？

為臨終的人營造一個祥和的環境，不要讓他接觸會引發執著的人事物，同時應鼓勵他產生正面的想法，對於讓他平靜地離開人世將有幫助。人死亡之後，在投生之前，會進入一個過渡階段，稱為「中陰身」，因此為死者誦經或做其他佛法的修行，能使他所種的善的種子早日成熟。

什麼是給臨終或死亡的人最好的幫助呢？

當人已病入膏肓，我們要趁他們的身心狀況還算好的情況下，幫助他們安排世間的事情，這樣他們才可以放下對金錢與家人的憂慮擔心。如果他們能夠把財產捐出來，會對自己很有幫助，因爲他們的慷慨布施造了很好的善業，對來生一定有助益。布施也幫助他們放下執著，執著在死亡這段期間是非常有害的。我們應鼓勵他們，如果內心還有任何悔恨或怨懟，要想辦法解決，可以對關心他們的人說出自己的感覺，或做淨化的修行。道歉、原諒，以及告訴所愛的人「我愛你」，能夠幫助臨終的人放下怒氣和罪惡感，使他們能平靜地離開人世。

如果這段期間無法做到像上述的方法，那麼當死亡迫近時，我們要向他們保證會處理好他們的身後事，他們不須要擔心死後誰來繳帳單、誰會照顧小孩等等，而應該專注於如何沒有畏懼與擔憂，平靜地離開人世。不可以問這樣的問題來打擾臨終者：「誰會得到你的珠寶？」「你有藏任何金錢嗎？」或是這樣的問題：「沒有你，我怎麼活下去？」我們的動機是要幫助他們，而不是增添他們的麻煩。

人即將過世時，要營造一個祥和的環境，不讓臨終者接觸會引發執著或脾氣的人事物。如果全家都聚在床邊哭，握住臨終者的手，請求他：「拜託不要死！我們好愛你，你怎麼可以離開我們而去？」我們或許以為這是在表達我們的愛與關懷，但事實上，是我們自私的心在哀嚎，因為我們即將失去一個在乎的人。我們應該試著關心臨終者的需求更甚於自己，並且讓周圍環境充滿平和、愉悅的氣氛。

在死亡前最後幾個小時，建議停止所有侵入身體的治療措施，如監測器、點滴等，這樣臨終者才能觀照內心，不會被外境所擾亂而能好好地準備死亡，這樣也能讓身體的能量以較自然的方法消融。

臨終時最後的想法若帶有生氣、執著、嫉妒或傲慢，是有害的。我們應該試著營造一個安靜祥和的環境，並鼓勵臨終者產生正面的想法。如果他們是佛教徒，我們可以談及佛、法、僧，並提及他們的精神師長。我們應該給他們看佛像，或在房間裡祈禱、持咒。在死亡尚未眞正發生之前，鼓勵他們淨化自己的惡業，告訴他們要祈求有好的投胎、能遇見清淨的教法和老師，並祈求自己的死亡、中陰身、投生各階段都能利益眾生。

如果臨終者有其他信仰，不要在這臨終時期把你的信仰強加在他們身上，因爲那會造成他們心中的困惑。應該根據他們的信仰而跟他們談話，並鼓勵他們生起心靈正面的部分。

人死後是立刻投生，還是死後與投生前有一個過渡階段？

人死亡時，心臟和呼吸可能停止，腦也可能死亡，但是他們的微細意識可能還停留在身體三天左右。高證量的師長在生命跡象停止後，在他們的微細意識離開身體之前，甚至還可修禪定好幾個禮拜。因爲這個原因，所以會建議死後幾天或至少幾小時儘量不要打擾遺體。然後，摸一摸死者的頭頂，因爲意識從這個部位離開，對來生是吉祥的徵兆。

普通凡夫的心識離開肉體後，在投生於一個身體之前，會進入一個中間過渡階段【藏文稱為「拔豆」(bardo)，中文稱為「中陰身」】。依著因緣條件，人或許在中陰階段停留很短的時刻，或是最久四十九天。某些情況下，有的人會立刻投胎，不用留在中陰階段。關於爲什麼中陰身一定在四十九天投生，而不是其他天數這個問題，雖然我請教了許多老師，但還是沒得到答案。

眾生在中陰身具有微細的身體，不是由微小粒子組成，但會和將來要變成的身體相似。剛開始在中陰身很短的時間，他們會試著和前世的家人或朋友溝通，不過其實中陰身並不能和人類溝通，過了四十九天，他們一定會投生到新的身體，融入新的生活經驗中。

人會投生為幽靈嗎？如何說明附身或經由靈媒而能和死去的親人說話這種事呢？

某些人造了投生爲幽靈的因，當然會投生爲幽靈。幽靈屬於六道之一的餓鬼道，是屬於不幸的投生。幽靈和神都能透過靈媒作爲溝通管道而和人溝通，但是這些眾生仍因他們的無知、執著和瞋怒而受困於輪迴中。他們當中有些具有特異功能，有些沒有；有些會說實話，有些不會。通靈的方法並不總是可靠的。其實沒有必要接觸死去的朋友或親戚，還不如趁這些人還活著的時候，多和他們溝通，善待他們。

為死者誦經持咒有用嗎？還可以為他們做什麼呢？

人去世後，誦經或做其他佛法的修行，能使死者所種的善的種子早點成熟。雖然死者已離開肉體，不能用耳朵聽唱誦的聲音，但我們將所做的善業迴向給他們，對他們會有幫助。傳統上，這些善法的修行在死後每七天做一次，連做七個星期，直到死者找到另一個身體投生，而在此之前，他們會一直停留在中陰階段。我們將善行的力量迴向給死者，能幫助他們投生善道。然而，不可以這樣想：「我請比丘和比丘尼來唸誦就好了，我還得做我的工作。」我們和死者有業的因緣關係（否則今生不會成為朋友或親戚），所以我們爲了死者好而做的祈禱、唸誦等修行都很重要。

將死者的財產捐贈給別人作爲布施的修行及累積福報，對死者很有幫助。尤其是供養給神聖的對象（佛、法、僧）、窮人或病人，然後我們可以將這些善行所得到的福報迴向給眾生，尤其是死者。

東方人會供奉飯菜、燒紙錢和紙房子給死者，這是必須的或有益處的嗎？

據說中陰身者是藉由「吃」氣味來維持生命，所以在死後四十九天內為死者供奉飯菜可能有幫助，之後，死者便根據前生所造的業投生到好或不好的六道中。死者投生後，留食物給他們，他們是接受不到的。很有可能他們不管投生在哪一道，總有東西可以吃。然而，我們可以唸某些咒語供養食物給餓鬼眾生——不管他們是不是我們的親戚朋友，這些咒語會減少餓鬼眾生的業障，讓他們能找到食物。

燒紙車、衣服或紙錢並不能讓死者的下一生得到這些物品，這種做法是來自於中國古老的習俗，並不是世尊的教法。如果我們想要幫助親戚朋友在下一世擁有財富，應該鼓勵他們活著的時候不吝嗇地多做布施。世尊說慷慨才是富有之因，而不是燒那些紙做的東西。

有時候我們會勸親戚：「不要給得太多，如果你這樣做，我們家錢就不多了。」由於我們鼓勵他們吝嗇，導致他們在心識裡種下來世貧窮的因，同時我們也在自己的心相續中種下相同的種子。相反的，鼓勵他們慷慨，勸他們在商場上不要有欺詐的行爲，都能幫助他們將來富有及豐裕。

如果希望所愛的人有好的投生，我們能夠給予最好的幫助就是：鼓勵他們生前避免十種不善業，並且實踐十不善業的相反，即十善業。十不善業就是：殺生、偷盜、不智的性行爲、說謊、誹謗、粗惡語、說閒話、貪圖他人財產、瞋恨他人、錯誤見解。如果我們鼓勵他們說謊以便保護我們，或是欺騙某人而使我們得到更多錢財，這樣便是爲死者造下不好投胎的因。若我們花很多時間和他們講閒話、喝酒，或數落別人的過失，我們的發心也就被打了折扣。因爲我們希望親人與朋友死後能夠得到快樂，所以應該捨棄這些惡行並多多行善。我們可以鼓勵（但不強迫）他們受戒，這才是眞正有助於死者後世的行爲。

佛教對自殺有什麼看法？

自殺在佛教看來是一大悲劇。人類的生命極其珍貴，當人被煩惱淹沒而無法承受時，他們視死亡爲唯一脫離痛苦的方法，這是一大悲劇。事實上，自殺並不能眞正解決問題，因爲他們還會再投生。另外，自殺的人在死亡的片刻通常會感受到很大的瞋怒、嫉妒或其他煩惱，這對自殺者即將的投生會有不利影響。

佛教徒相信每個眾生都有成佛的潛能或圓滿覺悟的可能，這叫做佛性。煩惱就像雲層，遮蔽了我們心靈清淨的本性，但它們不是本性的一部分，它們只是短暫的。經由佛法的修行，我們可以把煩惱全部拋掉。如果人們對這個道理略知一二，就不會把不幸看得太嚴重，然後會對自己內在的好本性生起信心。這種新觀點可能會幫助想自殺的人繼續活下去，因爲他們找到一個可靠的方法來解決問題。

佛教徒對安樂死有什麼看法？

以佛教徒的觀點，通常是會建議維持生命。然而，每個人情況不同，必須視個別差異而定。很多案例並沒有簡單的答案。如果我們知道那個昏迷不醒或處於極大痛苦中的人將會投生到好一點的狀態，那麼，以慈悲爲動機，我們可以考慮憐憫的殺人。然而，我們大多數人都沒有這樣的神通，所以確認我們的憐憫殺人究竟是在幫助還是傷害他人是極端困難的。有的人在昏迷期間，之前的惡業種子可能會成熟，致使死者投生到比現在更不好的情況；有時候有人從昏迷狀態中醒來，之後又活了好多年。

如果了解人類生命的價值，即爲覺悟而修行的道路是多麼珍貴，便能夠轉痛苦爲道用。例如，有人雖然長期臥病在床，但如果他的心是清醒的，他仍可以修行佛法，增長好的特質，淨化惡業，並修習覺悟之道。其實，這種人比那些終日忙碌的人還更有時間修行！有些佛教徒的修行是特別爲轉化逆境爲道用而設計的，我們會教導重病患者。另外，我跟曾經處於昏迷狀態、後來又甦醒的人談過，某些人說昏迷時他們對周遭環境仍然很清楚，因此，對昏迷的病人持咒、唸誦祈禱文會有幫助。即使他們的心靈被障蔽了，聽聞佛法還是會在他們的心識中留下有益的印記。

有人寫下「活人遺囑」，說明當他們嚴重受傷或生重病時，自己喜歡什麼樣的醫療方式。萬一事情眞的不幸發生，「活人遺囑」可以減輕家人的焦慮。當患者已沒有復原的希望時，若沒有做延續他或她生命的措施，並不算是殺人，而只是讓死亡順其自然地發生而已。相較於使用侵入性或強迫性的治療方法，這樣的死法會較爲平靜。然而，一旦患者進入「生命維持」的系統，問題就變得更複雜了，因爲其中包含很多因素，所以每種情況都要個別考慮：臨終者的個人希望、臨終者身體狀況的嚴重程度、意識清楚的程度，他或她對死亡的精神準備及情緒狀況，以及家族情緒上、經濟上的損失。沒有單一答案適合所有案例，我們必須儘量依慈悲、智慧來面對如此困難的決定。

因爲醫學研究和健康保健的預算有限，我們的社會可以分配大部分資金來改善產前保健及教育，進而改善生活的品質。在這種情形下，人們在臨終時就不必面對如此多道德與情緒上的難題。

第十章

佛教的宗派

這章在說什麼？

世尊給予眾生寬廣的教授，用方便與智慧引導大家，讓每個眾生都能夠找到適合自己個性、傾向的東西。雖然佛法會適應各個國家的文化和人民的心性而作改變，但所改變的只是外在形式，例如僧眾衣袍的樣式，但佛法的要義卻是永恆不變的，必須用我們的心識和心靈去體驗。

佛教的經典叫做什麼？

世尊說的經典可分為兩類：顯教的與密教的。顯教講的是關於三增上學：戒、定、慧，利他的培養，以及以利他為動機之下的一般修行；密教則描述金剛乘的獨特修行。世尊一生中講了顯教與密教，並指導弟子記住這些內容，後來的弟子們則以文字將它們記錄下來。

為什麼佛教宗派有這麼多？

因爲眾生（有意識而尚未成佛者）有不同的傾向、愛好與興趣，所以世尊給予了寬廣的教授。世尊從不期望把每個眾生都放進同一個模子裡，因此，他用方便與智慧引導大家，並提供了幾個哲學思考系統以及實修的方法，讓每個眾生都能夠在其中找到適合自己個性、傾向的東西。世尊所有教法的精華都是一樣的，即脫離輪迴的決心（即出離心），愛、慈悲與利他（即菩提心），以及了悟眞相的智慧（即空正見）。

並不是每個人都喜歡同樣的食物，在一場大型的自助餐會裡，我們可以挑選自己喜歡吃的菜。雖然我們可能比較喜歡吃甜食，但並不表示鹹的菜就不好，應該要丟掉。同理，我們可能比較傾向喜歡某種教法：小乘、淨土宗、禪宗、密宗等，我們可以自由選擇最適合自己，令自己最感到自在的教法，然而，保持一顆開放的心，尊重其他教派是很重要的。當我們心識愈成長，最終會了解其他宗派的基本道理，而這些是我們之前所無法了解的。總之，只要找到能幫助我們過比較好的生活，我們就應該修習它；對於我們不懂的，就把它放在一邊，不要批評它。

即使我們可能找到最適合自己個性的特別宗派，但太強烈地認同它也是不明智的：「我是大乘行者，你是小乘行者」，或「我是佛教徒，你是基督教徒」。我們都是在尋找快樂、想要認清眞相的人，每個人一定要找到適合自己傾向的方法。

不過，在留意不同的門徑時，應避免胡亂地把什麼都混在一起，致使我們的修行像個大雜燴。最好不要在一期的禪修課中摻雜其他宗派禪修的方法，而是要在一期內忠於一個宗派所教授的方法。如果我們的方法這邊抓一點、那邊也抓一點，對任何一派都沒有好好的弄懂，就兩邊混在一起用，最後我們會搞混而困惑。而且，一個宗派強調的一個教法也可能豐富了我們對另一派的認識和修行。

除此之外，每天做相同的禪修是明智的。如果我們今天做數呼吸的打坐，明天唸佛號，後天又做思維的修行，由於沒有持續地修，這樣是不會有進步的。但是，我們可以每天都做這三種修行，以維持修行的持續性。

佛教的派別有哪些？

一般而言，佛教分爲兩類：小乘與大乘。小乘（直譯為長者的傳統）是以巴利文記載的佛經爲主，分布於印度和斯里藍卡、泰國、緬甸及南亞國家，強調數呼吸的打坐以使心力集中，以及爲了開展智慧，禪修對身體、感覺、意識和現象的全意察覺，這兩種打坐方式叫做「止」與「內觀」。

大乘的傳承，以梵文記錄的經典爲主，傳布到中國、西藏、日本、韓國和越南。雖然在小乘佛教，慈心與悲心是必要且重要的因素，但在大乘佛教中，慈悲更是被強調且延伸得更深廣。大乘佛教中有幾個分支，淨土宗重視唸誦阿彌佛陀的名號，爲了死後往生阿彌陀佛的淨土，那裡所有的一切都是爲佛法的修行而設的。禪宗的禪修是以消除心識的吵雜和概念爲主。密乘（直譯為金剛乘）是利用本尊的觀修，將我們染污的身心轉化爲佛陀的身心。以上是大乘宗派的一些範例。

從世尊的教義中發展出如此多樣的法門，正可證明世尊根據眾生傾向與需求而做引導的善巧方便。不要偏執、偏愛某宗派是很重要的，要尊敬所有宗派及其行者，因爲所有宗派的教法源頭都來自於世尊，如果我們輕毀一個宗派，就等於在輕毀世尊和他的教法。

為什麼有些比丘與比丘尼穿橙黃色的袍子，有些則穿紫紅色、灰色或黑色？

當佛法從一個國家傳到另一個國家，會適應當地文化和人民的心性，但是佛法的要義並沒有改變。僧眾衣袍的樣式是一種外在形式，並不是教法眞正內在的意義，所以是可能改變的。例如在斯里藍卡、泰國、緬甸、柬埔寨、寮國等國家，因爲氣候和文化能夠讓僧服保持當初世尊時代就有的僧服樣式與顏色，所以僧服是橙黃的不同色度，並且沒有袖子。而受了八戒、還不算正式出家的人，則是穿著白袍。

在西藏沒有橙黃的染色，所以就用一種比較深的顏色——紫紅。在中國，由於暴露肌膚是很不禮貌的，所以就改成唐朝時候長袖袍子的樣式。另外，中國人認爲橙黃顏色對修行人而言太鮮艷了，而且只有皇帝才能穿金黃顏色的衣服，因此僧服的顏色就改成灰色或黑色。然而，原始僧袍的精神仍保存在由五片、七片、九片褐色、黃色、紅色布所組成的被衣中，舉行法會時，比丘和比丘尼都會穿著。

為什麼各個宗派的儀軌都不一樣？

唱誦的方式因各個國家的當地文化和語言有所不同，唱誦的樂器和禮拜方式也不一樣。例如，中國人是站著唱誦，西藏人是坐著唱誦，這種種的不同也是因爲文化的適應使然。

同樣的，寺廟內部的設計也會因地方而有差異。通常寺廟會把釋迦牟尼佛的佛像放在中間，然後再依不同的宗派放其他佛像、菩薩像、羅漢，以及護法。由於西藏的景色荒涼，所以他們喜歡寺廟色彩豐富，並且把裡面都裝飾得很精緻。另一方面，日本的風景因爲已經很繁茂多彩，所以日本人會較偏好把寺廟內部設計得樸素些。

這些外在形式和做事方式，並不是佛法，它們都是幫助我們把佛法修習得好一點的工具，而這些工具都是根據文化和地方而有的。眞正的佛法是我們眼睛看不到、耳朵聽不到的，必須用我們的意識、心靈去體驗。我們一定要把注意力導向眞正的佛法，而不是隨地點不同而改變的表面形象。

第十一章

金剛乘

這章在說什麼？

金剛乘包括轉化死亡、中陰身、投胎為佛的身與心的方法，還有培養定力的特別禪修，以及把了知空性的微細心識表露出來的方法，這極微細的智慧心識能快速且有力的淨除心相續的染污。

什麼是金剛乘？金剛乘的修行有什麼特色？

金剛乘也稱爲密乘，以小乘佛教及一般大乘佛教的修行爲基礎，也屬於大乘佛教的分支。金剛乘在西藏普遍流傳，日本眞言宗的修行也以金剛乘爲主。

金剛乘有一個方法就是要觀想自身爲本尊，而觀環境爲壇城或本尊的環境。利用這樣的想像，金剛乘修行者轉化他們的平庸、低劣的自我形相，使成爲完全覺悟的佛陀，由此試著在心識中培養佛陀高貴的情操。換句話說，金剛乘修行者想像著對所有眾生完全的慈悲，並領悟所有現象皆爲空性的本質，以此代替凡夫總是封閉於自卑與沒自信的感覺。這樣做的作用在心理上能給予能量，以及在修道上前進的能力，使修行者能確實發展這些情操。

金剛乘包括轉化死亡、中陰身、投胎爲佛的身與心的方法，還有培養定力（三摩地）的特別禪修方法，以及把了知空性的微細心識表露出來的方法。這極微細的智慧心識能快速且有力的淨除心相續的染污，因此，如果一個人在具有資格的密宗上師指導下修行，而成爲一個具格且訓練有素的學生，則修金剛乘能在當生證悟成就。

佛教的密宗並不是印度教的密宗，也不是在修習神通。有些人寫關於金剛乘的書，但資料和詮釋都不正確，因此，如果想學習這個宗派，應該閱讀通達教理的人所寫的書，或是跟隨具格的上師得到教授。

什麼是灌頂？為什麼有些教授是「秘密」的？

灌頂是爲了修行密法而使心相續成熟，藉此和全知心靈的表徵——本尊相連結的儀式。這要靠具備善良的動機、信守灌頂傳承的誓言與戒律，以及在灌頂儀式中的觀修。因此，一個人若只出現在進行灌頂的房子中，並不表示他就受到灌頂。有人也許在灌頂的場合出現，但如果他在灌頂時沒有發誓言及承諾，也沒跟隨上師的引導做觀修，這樣就不算受到灌頂。灌頂並不是在人的頭上放個瓶子，喝祝福過的水，或在手臂上綁個如意繩就是了。

灌頂後，有誠心的修行者會去找如何修所灌頂的教授。這些教授不能在灌頂之前傳授，因爲學生還沒準備好去修那些法，因此，有些教授必須是「秘密」傳授的。並不是佛陀吝嗇小氣，不與人分享教法；密宗的修行也不是獨家俱樂部的會員制，出於嫉妒心地看管著它的秘密，而是密宗的指導只傳授給受到灌頂的人，以確保這些修行的人已做好適當的準備；否則有人可能會對密宗裡的象徵物產生誤解，或是未經適當的準備及指導就從事進階、複雜的修行。

什麼程度的人才能參加密宗灌頂？

進入金剛乘前，一定要有出離輪迴的決心、利他的動機，以及領悟無實有存在的智慧，對這三方面已有了解和訓練，才能從具格的密宗上師那裡接受灌頂，並在灌頂時發誓承諾守戒。在這樣的基礎上，一個人才進而接受金剛乘的教授及修行金剛乘的禪修。所以，入門本身並不是結束，而是要進入更深一層的修行門戶。因此，誠心的學生接受灌頂，是因爲他們想要在灌頂之後修習教法之故。

既然必須先對一般佛教的修行有穩固的基礎才能有效地修習密法，為什麼灌頂卻對初學者廣開大門？

很多喇嘛（西藏的精神導師）相信，雖然有人可能對於金剛乘的修行還沒準備好，但藉由灌頂，正面的、好的印記會存留在他們的心相續中，因而使業與修行連結。然而，因爲受灌頂常常會有誓言和承諾，還要信守每天要做禪修功課，因此在做這些灌頂前，謹愼考慮清楚才是明智的。當佛教團體中心宣布辦一場灌頂時，應該告訴大家灌頂時要發哪些誓言和承諾，以及以後要做哪些功課。再來，大家還要檢查灌頂上師的資歷，確認他或她有資格傳法，而且願意與要接受法的人有師徒關係。從低處慢慢走、逐漸發展出個人的佛法修行是最好的，不要馬上跳進高深大法，想著：「就是這個，這是唯一的機會！」另外，要避免跑來跑去，只要有灌頂就去受。最好是受少少的灌頂並把這些灌頂的法修好，而不是積了一堆灌頂卻又很少去修習。

灌頂有不同的形態嗎？

有。在西藏有兩種主要的形態：jenang（中文譯為「隨許灌頂」）和wong（中文譯為「灌頂」）。「隨許灌頂」就像祝福或是對修行的允許；「灌頂」則較爲正式，必須確實觀想我們自身進入本尊的壇城。英文通常將這兩個名相術語譯爲「入門」（initiation）或「灌頂」(empowerment)，兩個常常會混淆。如果你不確定，可問傳法的上師要傳的是哪一類。

除此之外，不同的佛或本尊有各自的灌頂。接受了一個法的灌頂，並不是就可以修另外一個本尊的法，必須受那個本尊特殊的灌頂才能修那個法。

為什麼時輪金剛灌頂可以公開傳給廣大群衆，而許多參加的人甚至不是佛教徒呢？

這個灌頂很獨特，因爲時輪修法有談到整個社會的福祉，而且時輪金剛初傳時是在幾世紀前，目的是要爲一個特定的社會帶來統一與和平。因此，當法王達賴喇嘛傳這個灌頂時，提供給佛教徒和非佛教徒（他們都尚未準備好接受灌頂）參不參與儀式的選擇，他們可以當一個觀察著，不用接受灌頂。只有在時輪灌頂時才可以這麼做，在其他的灌頂，我們並不准許像觀光客一樣只觀看灌頂過程而已。

密宗藝術的意象具有什麼意義？

金剛乘主要在轉化，因此象徵被廣泛地運用。所有的密宗本尊都是全然覺悟、具慈悲心的佛陀表徵，不過有些本尊的外相顯現的是憤怒或渴望的樣子。表現兩性性欲的繪像不能以世間的外相來看，在金剛乘裡，本尊有兩性結合的描繪，代表方便與智慧的結合，覺悟之道須要有這兩方面的融合。現憤怒像的本尊並不是威脅我們的妖怪，他們憤怒的對象是針對無知與自私，這兩者都是我們眞正的敵人。適當地了解這些意象的表徵，就可以知道欲望和憤怒如何能被轉化並且征服。所以，密宗的意象有其深意，遠遠超乎普通的性欲和憤怒的意義，千萬要避免錯誤的詮釋。

什麼是曼達拉（壇城）？

壇城有很多種，在密宗的修行裡，它們是不同佛陀、本尊所居住的房子和環境。這些壇城其實是長寬高立體的，但常以沙或顏料畫成長寬的平面藍圖。一旦我們受了適當的灌頂，就可以觀想本尊的立體壇城作爲禪修的一部分，而做這樣的修行觀想需要從上師那裡得到指導。

「曼達拉」也可用於我們居住的世界與環境，因此，當請求上師授予教授而獻供曼達時，我們觀想宇宙和宇宙中所有美好的事物，然後供養這個曼達拉給上師，同時請求上師指導、教授並激勵我們。

誰是勇父和空行母？

他們是在此道上幫助別人的密宗行者。我們通常觀想他們是超自然、極抽象的形象，但有時他們也以凡夫的面貌呈現。

誰是佛法的保護者（即「護法」）？

大部分的佛教各宗派都有護法，而不是只有密宗才有。他們是眾生，承諾過要護持佛法，使佛法存在於世間，並保護佛法的修行者。他們的外表通常很凶橫，可是他們的凶橫是針對產生誤解、衝突、墮落、使佛法遭到破壞的無知。有些護法是超越世俗的，也就是說，他們是佛陀的化現，或是已經證悟空性的菩薩。其他的護法則還在輪迴中，不過他們對佛陀承諾過要護持佛法。因爲超越世間的菩薩已直悟空性，而其他的還沒有，所以後者就不在皈依三寶的範圍。

什麼是供養（pujas）？

puja是梵音，即供養的意思，因此**puja**是供養儀式的稱號，通常包括供養前觀想佛陀化現在虛空中，然後獻上不同的供品。獻供品不是要贏得本尊的歡喜，因爲覺悟者對所有眾生一律都是全然慈悲的，而是獻供能讓我們自內心發出付出的喜悅，並且由於供養了覺悟者，我們造下正面的潛能——善業。tsog 是藏文（中文譯為「薈供」），有積聚的意思，特別是指對根本傳承上師、三寶、勇父、空行母，以及護法的供養。

金剛乘似乎充滿了許多色彩鮮艷、細節複雜的儀式，請問禪修的部分在哪裡？

公開的金剛乘儀式看起來很繁複，但儀式本身並非目的，而是藉由儀式來引導修行者在內心生起祈禱文中的意思，因此儀軌是引導修行者的一種禪修。當私下做同樣的修法時，修行者可以把唸誦文變得簡短，中間可以停留較長的時間練習專心和內觀的禪修，或是修慈悲的禪修。

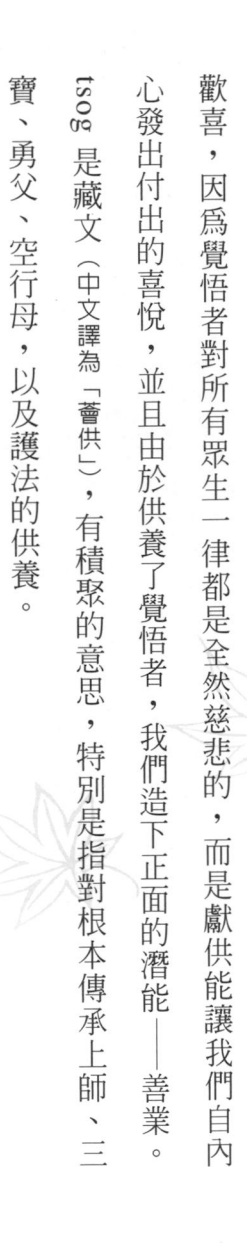

第十二章

道的階位

這章在說什麼？

菩薩是指自然、不間斷地希望利益眾生，而為了要真正地利益眾生，所以要成佛。菩薩根據覺悟的程度而有不同的層次位階，有的尚未脫離輪迴，有的則有。已脫離輪迴的菩薩，由於他們想幫助眾生的慈悲力量，會自願繼續在世間投生。

什麼是阿羅漢？什麼是涅槃？

阿羅漢是指他或她已永遠斷除心中無知、煩惱、負面情緒（生氣、執著、嫉妒、傲慢等）的眾生。除此之外，她或他已淨除了流轉生死輪迴的業。阿羅漢住在一種很寂靜的層次，稱爲涅槃或自在，超越了所有的不滿足感受和困惑。

什麼是菩提或覺悟？

除了斷除心中的無知、煩惱和染污行爲（業），佛陀還斷除了微細的小污點，並且完全地生起珍愛別人更甚於自己的利他菩提心，因此，佛陀已徹底達到覺悟的境界，那是所有的染污都已淨化、所有好的特質都已生起的一種境界。

什麼是菩薩？

菩薩是指自然、不間斷地希望利益眾生，而爲了要眞正地利益眾生，所以要成佛的眾生。藉由這條修行之道，菩薩將會到達成佛的境地。

菩薩根據覺悟的程度而有不同的層次位階，有的尚未脫離輪迴，有的則有。已脫離輪迴的菩薩，由於他們想幫助眾生的慈悲力量，會自願繼續在世間投生。佛陀也可以做到。

菩薩放棄證得覺悟而留在世間幫助其他人嗎？

經典中說過，菩薩發願留駐在生死輪迴中，不求證悟，直到所有眾生都從輪迴中脫離。這表示菩薩對眾生的慈悲是如此強烈，以致只要對眾生有利，他們都很樂意犧牲自己的證悟而成全他人。然而，菩薩也是很實際的，他們認識到：若要有效益地幫助眾生，菩薩必須自己先成佛，因爲只有佛陀究竟的慈悲、智慧與方便善巧，才能夠徹底利益眾生。因此，菩薩會尋求究竟的證悟，但是當他們這樣做時，並不會獨自維持在一個清淨的境界而忘了他人，而會善巧地化現爲各種樣子來幫助他人。

什麼是聖者或高貴者？

這是指已經直證空性的人，這樣的證悟發生在證阿羅漢或成佛之前。以聖者的智慧證得空性，就能斷除無知、煩惱、惡業及染污的業，因而獲得解脫及證悟。

第十三章

佛法可以解決情緒問題嗎？

這章在說什麼？

世尊開出許多種解藥以對治負面情緒，如憤怒、執著、嫉妒和傲慢；他還教導培養正面情緒的方法，如慈愛、悲心。當我們減低執著，生活會變得更有趣，因為我們能對每一刻發生的人、事、物保持開放的心。

在佛教修行裡，情緒扮演什麼角色？佛陀有情緒嗎？

有些情緒是實際的、有建設性的；有些則不是。因此，在修道上，有的情緒要培養，有的則要捨棄。世尊開出許多種解藥以對治負面情緒，如憤怒、執著、嫉妒和傲慢；他還教導培養正面情緒的方法，如慈愛、悲心。根據佛教，慈心是希望所有眾生得到快樂以及快樂因；悲心是希望所有眾生遠離不知足的狀況，以及造成這些的苦因，如此的慈心與悲心平等地擴及每個眾生。世尊還教導如何一步一步地生起慈心與悲心。

所有欲望都是惡的嗎？那麼想要得到涅槃或覺悟的欲望呢？

會產生這樣的困擾，是因爲有時英文「欲望」（desire）被用來解釋兩種不同的佛教概念，而英文卻只用一個字desire來闡述。有問題的欲望誇張了事物、人或想法好的一面，然後我們的心就執著，這樣的欲望是一種執著的方式。舉一個例子就是，如果我們在情緒上很依賴某人，就會對他或她產生執著，當我們用比較平衡的態度去看的時候，會發現其實對方並沒有如我們的執著心引導著我們去相信的那麼了不起。

相反的，那鞭策、激勵我們準備來世，或獲得涅槃，或求證悟的欲望是完全不同的。在這方面，我們只是了解到比較好的生活狀態是可能的，而且懷有想要去實現的實際渴望。這裡面沒有誤解，也沒有執著於「想要得到」的結果。

沒有執著的生命不是很無聊嗎？

不。事實上是執著令我們煩躁不安、靜不下心來，並且使我們無法欣賞事物，得不到生活的樂趣。舉例來說，假如我們很愛吃巧克力蛋糕，即使正在吃它，我們還是沒有在品嚐它或完全樂在其中。我們通常不是批判自己吃得太油膩，就是比較正在吃的這個巧克力蛋糕和以前吃過的巧克力蛋糕的味道，或想著如何再吃另一塊。無論如何，當下我們就是無法眞正地體驗巧克力蛋糕的滋味。

反過來說，如果不執著，我們會想清楚要不要吃這塊蛋糕，如果決定要吃，我們也能很平和地品嚐、享受每一口，而不是渴望還要再吃，也不會因爲並非原來期待的美味而不滿意。

當我們減低執著，生活會變得更有趣，因爲我們能對每一刻發生的人、事、物保持開放的心。例如，不只希望跟所愛的人在一起，而是當下不管跟誰在一起，我們都能心生歡喜、心存感激；不會執著於外在形貌，然後一直對自己的外表不滿意，而是只做我們需要做的，維持身體的乾淨健康，就會滿意自己的外表了。

我們如何能追求事業而不執著於名譽和財富呢？如何既做生意又合乎道德？

如果深入思維財富、名聲及世間成就所具有的短暫、不可預知的性質，那麼相信它們會帶給我們永恆快樂的想法就會消失殆盡，之後我們可以開始改變自己爲什麼而工作的動機。我們可以把工作看成是對社會的服務，還可以藉由工作時與人互動，更有機會認識自己，這樣工作就會成爲我們禪修的一個場合。如此的話，耐心、關愛別人就不會只是禪修時才有的東西，而是我們在日常生活就能提升品質。

如果能減少執著，要過道德的生活就會比較容易。當生活的優先順序改變，我們在商場的交易便能公平誠實，不必以中傷他人來攀登公司職位的位階。雖然有些人認爲不循規蹈矩是商場生意成功所必需的，但有個成功的高級主管告訴我正好相反。當我們公平地與顧客交易，他們信任我們，就會繼續與我們有生意上的往來，甚至還會介紹新的客戶；當我們尊重同事，他們通常也會回報以尊重，我們就能避免捲入辦公室的人事紛爭。如果別人對我們不好，我們正好可以修習忍辱，並練習更好的溝通技巧，對「成功的人」的觀感就不會依賴在金錢與名聲上。我們看待自己會較爲坦然，比較不會有罪惡感，因爲我們過著合乎道德的生活。這樣還有一個好處是可以省錢，因爲我們不須要爲了情緒問題去找精神科醫生或爲了法律合法問題去找律師。

我們如何處理恐懼？

恐懼和執著有很密切的關係。我們對某人或某事愈執著，就會愈恐懼無法擁有或擔心分開。例如，如果我們對某一特定的人很執著，精神上也很依賴對方，就會害怕和對方的關係會結束；如果我們對金錢及經濟保障很執著，就會對於不足、不夠很焦慮；如果我們對自己的形象很執著，就會害怕在眾人面前出醜。

從一方面來說，有這樣的考慮、擔心也是正常的，因爲我們從小就被教育要執著在這些事情上。雖然執著使我們恐懼與焦慮，但解決的方法並不是拋棄朋友、金錢和名譽，而是要放下對那些事物的執著，然後才能夠無畏地享受。

思維無常以及觀察事物剎那變化的本質，能幫助我們放下執著，而且能明智地設定我們的優先次序。假想把所有執著的東西都聚集起來，然後問自己：「現在我永遠快樂了嗎？」這樣能幫助我們停止著迷於所執著的人、事、物。當我們放下執著，對於不能擁有或失去的害怕自然會消逝。

人有可能執著於佛教嗎？如果有人攻擊我們的信仰，批評佛法，我們應該怎麼辦？

要依個別情況而定。一般來說，如果我們覺得：「他們批評我的信仰，一定認爲我是個大笨蛋才會去相信這個。」這樣是我們執著於自己的信仰，因爲我們其實是這麼想的：「這些信仰是好的，因爲它們是我的，如果有人批評它們，就等於是在批評我。」這樣的態度並沒好處，如果我們捨棄這樣的態度，將會變得平和些。我們不是我們的信仰，如果別人不認同我們的信仰，並不表示我們就是笨蛋。

願意接受別人的說法是很有用的。讓我們不要執著於宗教的名字和標籤吧！我們是在找尋眞理與快樂，而不是在發揚、提倡宗教，只因那個宗教是我們所信仰的。除此之外，對教法產生疑問是合理的。世尊說過，我們應該檢查他所教的法，而不是一味盲從地相信它。

不過，反過來說，也不要別人說什麼就相信什麼，不要拋棄自己的信念而隨意地採納別人的。如果別人問了一個問題，我們回答不出來，並不表示世尊教法就是錯的。那只是表示我們不知道答案，還須要更深入的學習和思維。我們可以請教通達教理的佛教徒這個問題，然後思考他們的回答。所以，當別人質疑我們的信仰時，正顯示出我們對教法還有不懂的地方，反而能幫助我們對佛法做更深入的理解，這樣能激勵我們去研讀佛法並深思反省它的意義。

沒必要爲了防禦信仰而和別人辯論。如果有人以誠意和開放的心問我們佛法的問題，並且有誠意交換意見，跟這種人交談便可以互相增長和提升。然而若有人並不是眞心想得到答案，而是存心與我們對立、找碴，那麼和對方對話是不可能的，這時候在這種人面前不須要覺得自己是在防衛——我們不必對他們證明什麼，因爲即使我們給予合乎邏輯的回答，他們也聽不下去，他們已有自己的成見。因此，我們可以堅定但不失禮貌地結束談話。

如何處理壓力問題？

壓力由幾個因素所致，有些是外在的，有些是內在的。若是因為沒有充裕的時間，導致我們覺得有壓迫感，這時候可以思考事情的優先順序，並決定生命中什麼是比較重要的，這樣會很有幫助。然後，我們可以選擇先做哪些事，其他的就先放在一邊。當壓力來自於沒有能力去做別人期望的事時，我們必須接受自己的極限。我們不會因為缺乏某些能力就變成輸家，而是必須對寄予我們期望的人坦白地溝通。當壓力來自於疾病或生活中的突發事變，這時候思考無常很有用——世界上的一切都會改變，之後我們會較能接受改變，而不是與之抗爭。

壓力形成通常是因為不能接受事實的真實情況：我們希望事情不是這樣；我們希望自己或別人不一樣。然而，這一刻發生的就是存在了，與其排斥事實，使我們更焦慮不安，還不如接受它，處理它。接受已發生的事實並不是宿命論，而是符合實際。接受當下的真實情況，我們仍然能試著在未來改變它，同時對有什麼可能性保持切合實際的態度。

藉由呼吸的禪修讓心沉靜下來能對治壓力，還有耐心、慈悲的禪修也有效果，而淨化的禪修也很有幫助。因此，建議每天禪修以預防和對治壓力。

許多人因罪惡感及自責而痛苦，有什麼辦法可以解決嗎？

不管是不是故意要犯錯，罪惡感和自怨自艾都是不當、沒必要的。我們必須仔細檢討什麼是我們該負責的——什麼是我們可掌控、可改變的，什麼是不可掌控、改變不了的。罪惡感常常來自於我們自認為對那些無法掌控的事情應該負責任。舉例來說，如果由於自己的粗心大意而身陷危險的情境，那我們有責任去承擔後果；然而，如果有人予以我們肉體或性的傷害，那不是我們的錯，我們不須要為此負責。那是別人的行為，不是我們的。受虐的孩子或遭受性侵害者，不須對於所遭遇到的事情負責，這不是他們的錯，沒有必要對發生的事覺得有罪惡感或自責。

如果我們故意製造另外的傷害，例如故意製造工作場所的不和，結果不得好下場，就得自作自受；然而，如果我們以良善的動機行事，但別人卻因而感到痛苦，我們就不必爲此負責任。例如，如果我們好心地對別人的行爲給予回饋，但卻讓對方覺得心煩，那不是我們的責任。但是如果我們沒注意如何表達自己，就得爲自己的溝通不良負責，並應該嘗試改進。

當我們由於困惑及煩惱而表現消極，不必因此感到罪惡感而責怪自己，反而應該試著盡最大努力來改善情況，並且做淨化的修行來對治心相續中惡業的印記。從佛教徒的觀點，罪惡感是一種煩惱，是沒有看清楚狀況，而且是以自我爲中心的一種煩惱。情緒性地折磨自己並不能改變已發生的過去，或激發我們的潛能，只會讓我們停滯不前，使我們捲入自我關注的漩渦裡。相反的，如果對自己有信心，相信自己有改善的能力，因爲我們知道自己有達到徹底覺悟的潛能，這樣即使對自己的犯錯感到遺憾，但我們會積極地補救自己行爲所造成的傷害。

禪修可以解決我們情緒上的問題嗎？

要看自己、我們的老師，以及我們的禪修練習而定。有些案例有效；有些案例則是找心理治療師幫忙，再以禪修爲輔助比較有效。

佛教和心理治療有什麼相似和相異之處？

兩者都是在尋求了解人類心靈如何運作；兩者都提供技巧，透過提升更積極的精神層次以促進大眾的健康和快樂；兩者都是藉由有經驗的指導，傳達這些技巧給大眾；兩者都有不同的派別，每個派別的門徑和強調都稍有不同。

然而，心理治療與佛教的最終目的並不相同。心理治療要幫助人快樂地活這一生；佛教則是關心人們來生的快樂及達到解脫而擁有永恆的快樂。心理治療不認爲無知、瞋怒，以及執著是所有苦難的根本原因，因此不認爲要把煩惱完全斷盡。心理治療師通常會鼓勵人要對傷害他們的人生氣，而且鼓勵人去找更多有效的方法以獲取所執著的事物；相反的，佛教是要把瞋怒、執著和自私從內心中連根拔起。

心理治療和佛教在方法的使用上有些不同。很多心理治療師藉由回憶過去的心理創傷經驗，在現在重新去處理那些經驗；然而，佛教鼓勵學生去辨認出我們一般的行爲模式，然後找出對治的方法。回憶童年特別的經驗並重溫過去，對佛教而言並不視爲重要。有些心理治療師會關注當事者夢境的內容，而佛教通常不是如此，禪修者常常被鼓勵去辨認夢就是夢，要用夢虛假不實的本質來類推一切人事物看起來是由自己所成立，但事實上不是。

性靈上師的角色和心理治療師也不一樣。心理治療採取個人或小團體的方式，面對心理治療師，客戶談論各自的特別問題。性靈上師通常教比較大的團體，然後學生負責修習師長教授的法。當然，如果學生需要個別諮詢，或對佛法修行有問題，上師還是很高興見到他們。性靈上師會關心學生的禪修有沒有進步，以及學生如何把佛法與日常生活結合在一起。

心理上的情感轉移關係在個人與心理治療師、個人與精神上師都有可能發生，這要視治療師或上師的修行層次而定。情感反轉移也是有可能發生的。（心理學上的「情感轉移」，是指病人將早年對父母的感覺、想法、情緒等表現在與治療師的關係上；「情感反轉移」則是指治療師受個案的刺激而引起的情緒反應。）

心理學與佛教可以互相學習的很多，對這樣的對話有興趣的人也在持續增加，這方面須要更多的研究和討論。

因為精神鬱鬱寡歡而服用抗憂鬱劑和其他藥物，佛教對此有什麼看法或立場？

每個案例要分開檢討，以下是一般的指導原則。憂鬱症通常是由於頭腦裡化學物質失衡以及心理有障礙，兩者綜合所引起。當有人患了嚴重的憂鬱症，藥物可以讓他們覺得好一點，足以能讓自己看到導致他們憂鬱的心理因素。所以，為了中和腦子裡化學物質失衡或幫助患者過平常生活而服用抗憂鬱劑，並沒什麼好羞恥的。然而，如果是為了逃避問題而服用抗憂鬱劑，則一點幫助也沒有。同樣的，若只是輕微的憂鬱症就服用抗憂鬱劑，而沒有檢查、改變導致憂鬱症的因素，例如身體健康、缺乏運動、很差的飲食、生活壓力、對人和事不正確地解讀等，則不建議服用抗憂鬱劑和其他藥物。

第十四章

佛法如何和日常生活相融？

這章在說什麼？

早晨靜坐，花些時間記住執著所引起的過患，回憶無常和死亡，以及對他人生起慈悲心。白天時，覺察自己的念頭、言語和行為。到了晚上，花一點時間回想白天所發生的事：淨化所有不好的態度或行為，為自己所作的任何改變和積極的態度感到欣慰，然後迴向所有的善業給眾生的覺悟。

我們如何以佛教徒的身分，生活在當前這個價值觀和活動都與佛法修行有極大差異的社會中？

我們愈思考世尊的教法並對其正確性有信心，修行就會愈容易。例如，我們檢討自己的經驗，並體會到執著於物質財產的不利，就愈不會受到廣告的影響。當我們看到不道德行爲所造成的傷害，就不會被別人有損身心的陰謀所吸引。要將佛法與我們的心靈合而爲一，時間及努力是必要的。當我們這麼做的時候，就會漸次地慢慢進步。

例如我們已經決定戒酒，但同事邀請我們下班後去喝一杯。我們不需要針對喝酒問題來個滔滔不絕的演說，但是可以默默地換點果汁喝。剛開始我們可能會覺得不好意思，害怕別人嘲笑，這是由於對名譽的執著才會如此。如果我們很清楚自己想要做什麼、不要做什麼的話，何必理會別人的意見與看法呢？別人喝酒可能是因爲覺得我們期望他們喝，所以當我們不喝酒時，對他們而言反倒是鬆了一口氣！即使他們要喝酒，那麼一個滴酒不沾的人，也可以作爲他們的好榜樣。

與人和諧相處最重要的品性是友善和眞誠地關懷他人。我們愈發展這些內在的品性，這些就會愈自然的顯現在我們的行爲和言語中。相較於跟別人分享酒類、死刑和電視節目的看法，別人應該會更認同與尊重這些內在品性。如果我們很友善、快樂、對人慈悲，就會和別人相處得很融洽。

如何告訴非佛教徒的親戚和朋友，我們對佛法的興趣？

剛開始修行的時候，我們對於自己都還沒有清楚的認識，或是對佛法太有信心，所以當別人批評我們所做的事時，就會很敏感。當我們漸漸在修行中放鬆自己，會發現比較容易和家人、朋友及同事談論佛法。當然，我們不要變得像傳教士一樣，用一大堆艱深的佛學術語讓別人對我們印象深刻，而是應該以簡明易懂的方式回答別人的問題。有很多方式可以談論佛法而不用佛教的語詞，畢竟，佛教基本上是生活的常識。當朋友跟我們談論他們所遇到的問題時，我們可以用簡單的方法和他們討論如何對治怒氣、嫉妒或執著等問題，甚至可以不要用到「佛教」二字。給對方太多資料多過他的需要，是很不善巧的。因此，我們必須仔細地傾聽別人的問題，然後正確地回答，而不要一直繞著無關或複雜的主題。那些主題可能是我們有興趣的，但對別人卻不盡然。

當跟信仰其他宗教的人談話時，可以提出佛法與對方信仰之間的共同點來討論。每個宗教都很珍視道德、愛和慈悲，所以初次對人解釋佛教時，談論這些會比較善巧。不要一開始就談及投胎、業果、佛陀、佛法、僧眾，和其他一般人不熟悉的語詞及觀念。還有，我們可以強調：根據佛教的看法，世界上有多樣性的宗教是好的，因爲那給人們機會找尋適合他們的哲理與修行。不是每個人都須要成爲佛陀，以這樣的論點來討論，會讓不同宗教信仰的人感到放鬆，因爲他們明白我們尊重他們的信仰，而不是要試著改變他們的信仰。

如果配偶或小孩有興趣，可以邀請他們去見見你們的老師、法友，或參訪你們的佛法中心。有些人對幫助所有眾生以及成佛這件事很活躍，卻反而忽略了家人。他們練習對每個人有耐心，但是對於自己的配偶和小孩卻是例外，還期望自己靜坐時，家人可以做所有的家事。這樣很不善巧！雖然佛法修行者想要減少對家人的執著，但仍然不該忽略家人才是。佛法包含對身邊日常生活所接觸的人具有眞誠的愛和慈悲，而不是只對遠在天邊、從未謀面的「眾生」！

如果家人和朋友並不護持我們學佛，或甚至對我們的興趣感到憤怒，該怎麼辦？

首先，接受他們的感覺，不要因此而生氣，對他們生氣只會讓關係更緊張。另一方面，不必因爲家庭的壓力而放棄我們的信仰或修行。雖然以叛逆的態度誇耀我們的修行是不明智的，但也不必因害怕而隱藏。我們可以適應外在的境況，但內心仍要保持修行的活力與堅定。舉個例子，如果家人無法接受壇桌上放佛陀的照片，我們可以把照片夾在佛書中，等禪修時再拿出來。

有很多例子說明我們的行爲會使別人信服佛法修行的價值。當同事注意到我們比以前更有耐心、更能容忍時，會很好奇我們是做了什麼而發生這樣的改變。探望父母時，幫忙打掃父母的家，並清理垃圾，他們可能會很感動，想著：「這是我兒子四十年來第一次幫忙做家事，佛教眞是厲害！」我有一個學生，他的太太並不信佛，但現在已支持並鼓勵先生參加我們每年舉辦的九天閉關，爲什麼？因爲每次先生閉關完回來，就變得比較沉靜、容易溝通、對家人更慈愛。

要預知哪一個朋友或家人會對佛教有興趣是很困難的。我們可能以爲一個很親的朋友對佛教會有興趣，事實並不然。同樣的，我們可能以爲某個親戚不會想要談論佛教，卻發現她很能接受。因此，用我們自己所想的計畫幫助親友，反而常會疏遠朋友；而隨著朋友的興趣深淺和接受程度給予幫助，才能打開良好的交談之門。

如何建立每日禪修的修行，內容包括什麼？

禪修要選擇家中一處乾淨、安靜的地方，並遠離電話和電腦。你要的話，可以在這個地方設一個小壇桌。每天禪修的時間要差不多長，如此能讓你進入一個很好的生活節奏。早上心靈比較清新，很多人發現在一天當中活動尚未開始之前，比較容易禪修。但也有些人喜歡在晚上禪修。將禪修的時間設在一段舒服的長度，不要太長，也不要太短，剛開始可以先訂為十五分鐘，當你能坐久一點時，再漸漸延長時間。

跟著你精神上師的指示安排這個時段。你可以先以幾個皈依祈禱文為開始，以此提起修行的動機，再開始禪修。之後，你可以修數呼吸的靜坐，或依照你的宗派做另一種方式的禪修。我們的禪修是安靜獨處的，在這個時段，可以消化我們的體驗，檢討生活，培養好品性，並以陪伴自己為樂（還有佛菩薩的陪伴）。

一定要上山去修習佛法嗎？

一點也不需要。有些人能快樂地維持在獨處當中，並在禪定中生起很深的了悟。但若要長期成功的閉關，必須累積很多功德，以及對基本佛法的修行有很好的基礎。這些前行準備是可以在社會、生活中修習積集的，這樣的話，我們將佛法融入生活，並自願提供社會直接的服務。另一方面，如果離群索居，夢到自己成爲一位大師級人物這樣一個情緒化的夢，但事實上卻還無法正視、面對自己那無法飽足的內心，最後又回到從前的困惑與不幸中。所以，依照相應於我們的精神狀況與能力而做實修，是較爲明智的。

如何將佛法融入日常生活中？如何在平日的工作與精神上的實修取得平衡？

當你一早醒來，試著讓你的第一個念頭這麼想：「今天，我不要傷害任何人。我要儘量幫助別人。願我所有的一言一行都直接趨向成佛的長期目標，以利益所有眾生。」起床後，靜坐一會兒，接觸你平靜的內心，學習認識自己，並且調整好自己一天的動機。

白天時，留意你的感覺、念頭、說話和舉動。當你注意到負面情緒或有害的想法自內心生起，就運用世尊教授的對治法。例如，要對治執著就思維無常；要減少瞋怒就思維耐心、慈愛，以及別人的好意。當然，我們平日愈常思維這些，就愈容易想起法義，然後當下就能運用得上。

在忙碌的一天中，停下手邊的事，注意呼吸，直到心收回來了再繼續工作。雖然這只須要花一分鐘即可，但當我們已變成一部自動的機器時，就很難讓自己暫停一下。養成暫停是一種好習慣，例如：電話鈴響，不要馬上接，先想一下：「願我能好意地講話，並能利益在線上的對方。」然後才拿起電話。當我們在辦公桌前坐下來，可以先默默地注意呼吸幾秒，然後才開始工作。當我們遇到紅燈或交通壅塞時，可以環顧一下四周，想著：「四周的人都跟我一樣，想要獲得快樂、避免痛苦，因爲我們住在一個互相依賴的社會，我從這些從事不同工作的人獲得利益，雖然我並不認識他們。」當有人在我們前面插隊，這樣想也很有用！我們也可以把佛法變成提醒語，如把「慈悲」、「警覺」或「嗡嘛呢唄美吽」設定成電腦的螢幕保護程式。

到了晚上，花一點時間回想白天所發生的事：淨化所有不好的態度或行爲；爲自己所作的任何改變和積極的態度感到欣慰；然後迴向所有的善業給眾生的覺悟。我們通常會期望「速食成就」，卻不想多花一些時間和精力去得到。很不幸的，事情不會照我們想的這樣！深層的改變是由逐漸的改變而發生。我們必須為自己和別人的成長而高興，而不是對還沒做或做不到的感到不滿足。

如果受到外在環境影響而使修行沒有力量，要控制我們的執著也變得很困難，這時候該怎麼辦？

每天的禪修練習會是非常好的解藥。早晨靜坐，花些時間記住執著所引起的過患，回憶無常和死亡，以及對他人生起慈悲心。白天時，覺察自己的念頭、言語和行為。如果我們強烈地執著於某樣事物，對初學者而言，最好與它保持一段距離，就如一個不能節制飲食的人想要減肥，就很難去參加晚宴、看著大家都在大塊朵頤。我們也是一樣，會發現一接近所執著的事物卻還要保持不受影響，是很難的。等我們內在修持變強一些，就比較不會沉迷於那些膚淺的「小小發亮物」，而能以平靜的心再跟那些人、事、物接觸。如果朋友鼓勵我們去的地方或做的事，會讓我們生起以前習性的執著、瞋怒、嫉妒，我們可以建議以不同的活動來代替或婉拒邀請。如果我們是眞心在修行，自然會交到跟我們在佛道上有同樣興趣的新朋友，他們會鼓勵我們往正面的方向發展。

第十五章

佛教徒該參與社會及道德的爭議嗎？

我想知道什麼是佛法

這章在說什麼？

不斷地檢查我們做事的動機，不斷地加強自己慈悲的發心，同時評估自己的能力，再做符合實際的承諾。我們應該在承擔之前，好好地分析自己所處的狀況和能力，然後只接受、承擔自己做得到的責任。

佛教對社會福利事業抱持什麼態度？

社會福利事業是很需要而且很好的。身為佛教徒，我們試著在精神層面上發展對別人生起慈心與悲心，但這也要付諸行動才是。法王達賴喇嘛常常評論說，佛教徒應以基督教徒透過參與社會福利事業，呈現主動積極的慈悲心為學習範例。興辦學校、醫院、收容所、諮詢服務、為需要的人提供飲食，都能直接地利益他人。不過，從事這樣的工作時一定要注意不要讓自己陷入黨派分別、驕傲及發脾氣的煩惱，我們的態度和行動一定要以利益他人爲引導。

每個人有不同的天賦與才能，因此修習佛法也有各種不同法門，有的人比較偏向經教的研讀和教授，有的人比較偏向利益社會的工作，有的人則較偏向禪修。雖然不是所有的佛教徒都偏向社會性的工作或服務，然而那些偏向此方向的人可以在那樣的背景下學習並修行佛法。

佛教徒認同社會改革嗎？

如同前面的許多問題，回答都是以「看個別狀況而定」爲開始。社會改革到底是有益還是有害，都是依我們的發心動機、主張的改變，還有我們所用的方法等情況而定。若主張的政策或方案與佛教非暴力、容忍的基本原則相衝突，這樣的社會改革是有害的。即使我們贊同有益的政策，如果動機不對，長期下來的結果也會變得不好。舉例來說，視社會上的人都是無能的、愛掌控人的、自私的，這種道德上憤世嫉俗的態度，絕對不能是從事社會運動或改革的正面、有建設性的動機。如果我們陷於一種「我們要跟他們對立」的情況，然後宣稱我們這邊是對的，因爲我們關心一般大眾的社會福利，而他們是錯的，這樣，我們的動機實在與對方毫無兩樣！這樣的態度引導我們去輕蔑「另一邊」，然後又陷入靠近自我這一邊的就執著、不是這一邊就瞋恨的循環中。

社會和政治問題不是像黑白般好壞分明，也不容易解決，須要遠大的眼光以及極大的努力。雖然理智上我們都知道如此，但我們的說話和行爲有時候卻顯露出我們在尋找快速和簡單的解決方案。我們一定要試著對所有牽扯在矛盾中的團體生起慈悲心，因爲他們每個人都希望快樂、避免問題。例如，如果我們視伐木工人爲環境的破壞者，因而只關心如何讓他們停止做伐木這種有害活動，這樣我們的眼光是被侷限的。伐木工人也跟我們一樣想要快樂，他們也有家庭要照顧，我們必須把伐木工人所關心的事也視爲重要，尋找能夠讓他們維生的替代方案。

佛教相信有來世之說，會不會成為對社會的不公現象冷漠以待的藉口？業果法則是不是指示我們對於壓迫、壓制要予以擁護和認同？希望證得涅槃是不是要我們忽視這世間的不幸，只尋求自在的極樂？

不是的，三個問題都不是。沒有好好了解佛法的人，可能會有錯誤的見解，例如：「既然有投胎這種事，那麼窮人下一生會有另一個較好的機會翻身，所以我現在不用幫助他。」「受壓迫的那些人一定是造了什麼不好的業才會遭到這樣的果報，如果我幫助他們解決困境，那就干擾到他們的業了。」「痛苦是輪迴本來就具有的，沒有什麼需要改變，所以我只要關心自己精神的修行，不必管世間的苦難。」這些想法反映了對業果和涅槃不正確的了解。對他人慈悲是佛教徒的原則，而且這樣做才能達到自在。雖然世間的痛苦是由於業果的關係，可是我們仍然可以止住或限制它。雖然永恆的快樂在輪迴裡是不可能的，我們仍要試著減少嚴重的苦難，並帶來相對的快樂。

事實上，參與社會行動可能成爲引導別人學佛的一種方式。如果人們都在挨餓，當然不可能靜坐禪修；如果給予他們食物、停止他們粗顯的痛苦，讓他們所接觸的都是好人，這樣可能會喚醒他們對精神修行的興趣。

從一方面來說，沒有人是孤獨的，所以我們應站出來，互相幫助。但從另一方面來說，靜坐禪修又是以獨居為訴求，這對於增長智慧與慈悲是必須的。我們一定得在禪修和參與行動之間選擇其一嗎？或是兩者可達到平衡？

兩者都很重要。禪修能使我們淨化障礙、增加好的心性，這樣當我們站出來幫助別人時才有力量。就如一個想要治癒他人疾病的人，在看病之前要先在醫學院讀書；一個想要示人佛法以利益他人的人，在引導別人之前一定要先研讀、修行佛法。禪修提供我們時間和空間去觀察內心，並且增長好的、減少壞的心性。社會性的活動給予我們機會，讓我們可以將禪修時所體驗到的付諸行動。與人互動就像做布丁，每個人都可以說自己做的布丁有多好吃，但一定要做出來才能證明；與人相處時，我們哪方面還需要改進就變得很清楚了。除此之外，主動積極地幫助他人，能滋長心相續的善業，我們的禪修也會進步。

因為每個人都是獨特的，我們生活中會以各自不同的方式，在禪修與實際行動間取得平衡，我們可能會在這兩者間隨時更換重心以取得平衡：有時候比較偏重實際行動，有時候比較偏重冥思。偏重禪修時，要小心利他之心不要變成抽象的、理論的。同理，當我們比較偏重行動時，仍要每天禪修以維持內心平靜，我們的一舉一動都由此平靜的心發出。

當我們為他人的福利而付出時，如何避免心力交瘁？

一個方法是不斷地檢查我們做事的動機，不斷地加強自己慈悲的發心。

另一個方法是評估自己的能力，再做符合實際的承諾。有時候我們受到菩薩理想典範的激勵，以致於願意參與眼前的每個計畫，雖然我們可能缺乏時間或能力去完成，導致承擔太多，可能會因此把自己逼到筋疲力盡的地步，或者開始對那些依靠我們幫忙的人生氣。我們應該在承擔之前，好好地分析自己所處的狀況和能力，然後只接受、承擔自己做得到的責任。

還有，一定要記得，困苦和不滿足是輪迴的本質。預防核能廢料、反對壓制、停止對熱帶雨林的破壞，以及幫助無家可歸的人，都是很高尚的事情。然而，即使這些目標都完成了，世界上的苦難仍不會解決。痛苦的主要來源存在於心。只要無知、執著、瞋怒存在於人的心靈，地球就不可能有永久的和平。因此，期望我們的社會福利工作能夠順利，執著於我們努力的結果，或想著：「只要這件事出現，問題就能迎刃而解了！」這些都會使我們喪氣，因爲我們熱切渴望達到的目的並沒有實現。要記得，在輪迴中，好的和壞的情況都有，這些都是短暫的，一點也不能帶來最究竟的自由。如果我們切合實際，我們可以在世間工作，但不期待地球上的樂園產生，我們還是可以繼續精神上的修行，知道它最終仍會引領我們到自己和他人痛苦的終結。

如果別人不接受我們的幫助，我們應該繼續嗎？

每個情況都必須個別去看。首先，一定要檢視我們助人的動機，是因爲知道什麼是對「這個把自己生活弄得支離破碎的可憐人」最好的？還是因爲我們有被需要的感覺？如果抱持的是後者的態度，就很有可能會把我們的勸告強加在別人身上，這樣就會造成別人的反彈。

我們還要檢視自己做得是否善巧，或者有沒有傷害到別人的自尊。當我們試著要幫忙時，有沒有讓人有羞辱的感覺？有沒有試著要「修理」別人的問題，以我們認爲對他們最好的解決方案，但卻沒跟他們商量。這樣的話，即使我們是爲了利益他人而做事，但動機已經被自我中心玷污了。

有時候我們有好的動機，也有好的技巧，可是別人就是不願意接受，或甚至對我們的努力以敵對的態度視之。在這種情形下，我們應該停止主動幫忙，但仍敞開溝通的大門，如果以後他們改變了，也不會覺得不好意思與我們聯繫。頓足離開我們想幫忙卻不成功的情況，而且埋怨：「看我爲你做了這麼多，你卻一點也不感激！」只會讓他們更憤慨，並且將來也不會再來找我們幫忙了。通常接納、耐心和無爲，是助人最有效的方法。

佛教徒關心環境嗎？

一定要關心！很不幸的，很多人缺少這方面的教育。即使環境議題已成爲重大新聞，有的佛教徒仍然忽視簡單的保護環境的動作，如資源回收。做好鐵罐、罐子、瓶子和紙類的回收，是在家練習覺察修行的一部分。以慈悲與爲人著想爲動機，應能推動我們在寺廟和佛法中心減少使用免洗用具和不可回收物品，並且回收可回收的東西。爲數頗多的東、西兩方佛教徒由於關心環境，都參與了社會性的計畫。在美國，「佛教和平協會」（Box 4650, Berkeley CA94704）是值得注意的機構，供應書單以及全世界參與社會性活動的佛教機構的住址，另外還有很棒的雜誌。《慈悲之道》（*The Path of Compassion*）這本書，由Fred Eppsteiner編輯，Parallax Press 出版，是以佛教徒的角度來談關於社會性的參與。

對於環保，佛教給予指導原則嗎？

是的。互相依賴、保護生命，以及慈愛，是佛陀世尊最重要的三個教法。互相依賴是在談論現象的相互依存關係，在這裡是指眾生和環境爲了生存而互相依賴，因此保護環境是爲了人類的利益。在佛教的傳統裡，佛教徒提倡非暴力以及保護生命，因爲人類、動物和昆蟲都有生命的形體，所以佛教主張保護瀕臨絕種動物。除此之外，爲了表達我們對自己、後世子孫及所有眾生的慈愛，佛教強調不只對我們依存於地球的眾生要護生（指人類與動物，即佛教裡六道衆生中的人道和畜生道），還要對所有眾生護生（指地獄道、惡鬼道、天道、阿修羅道的衆生）。

貪著是人類開發環境的最主要原因之一。渴望更多、更好，於是我們竭盡所能地汲取地球資源，以致於忽視如此做的長期後果。如果我們能滿足所擁有的並減少執著，我們跟所生存環境，以及其他和我們共存的生物，就能夠生活得更和諧。

佛教怎麼看動物的權利？

佛教把動物視爲與人類同樣珍愛生命的生物，能體驗得到愉快和痛苦的感受。因此，佛教徒並不主張讓流浪貓、狗安樂死。佛教徒也不認同殘忍的動物實驗，爲了屠宰動物而將牠們飼養在恐怖的環境裡，或爲了毛皮大衣及羊皮毯子而殺害動物。雖然理論上佛教徒偏愛素食，但這並不是必須的，而且很多佛教徒也並不是素食者。

為什麼在佛教的不同宗派裡，有些宗派的佛教徒吃肉，而有的吃素？

剛開始，可能會讓人搞不清楚：斯里蘭卡和東南亞的小乘佛教徒吃肉，中國大乘佛教徒不吃肉，日本大乘佛教徒吃肉，還有西藏金剛乘佛教徒也吃肉。這樣的不同是因爲各個宗派不同的強調：小乘教法強調消滅感官的執著以及對治，會區分「我喜歡這個，不喜歡那個」的分別心，因此，當修行人拿到供養物，不管別人供養的是什麼，是不是肉，都須感恩地默默收下。如果修行人說：「我不能吃肉，所以給我那些好吃的素菜吧！」這樣會觸怒施主，而對修行人所修習的不執著也會有傷害。所以，供養的肉如果不是修行人殺的，不是奉修行人的命令殺的，不是看到、聽到或懷疑別人專爲修行人而殺的情況下，他是可以吃肉的。然而，供養食物給僧眾的人應該記住，佛教的基本前提是不傷害他人，所以應依此而選擇要供養什麼食物。

在不執著的基礎上，大乘宗派強調對所有眾生慈悲，因此，一個大乘修行者會被建議不要吃肉，以避免把痛苦強加於任一眾生身上，並且也防止他人造下殺業。還有，動物的無知、嗜欲或好鬥的習性，會影響到吃肉的普通行者，因而妨礙了他或她大悲心的培養，所以素食是被推薦鼓勵的。中國大乘宗派的出家人都是嚴謹的素食主義者，而在家人則也有吃肉的。

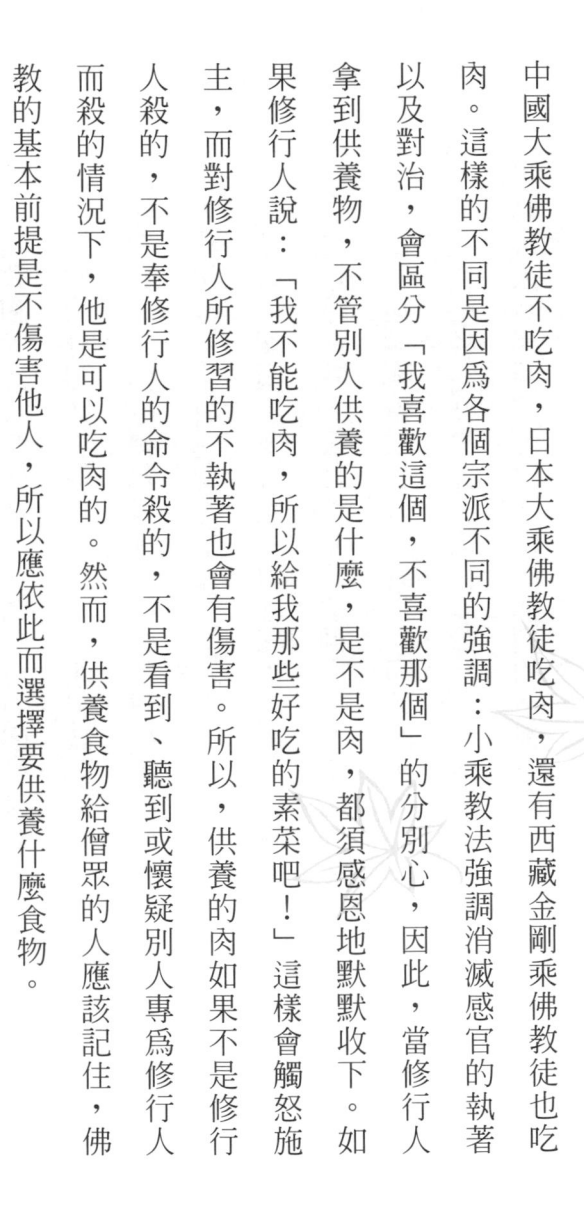

雖然日本佛教屬於大乘，可是他們的法師和在家人通常都吃肉，這是因爲日本的地理環境，人們幾世紀以來都是依賴海洋爲食物的資源。

密宗或金剛乘分爲四部四個層次（即事部、行部、瑜伽部、無上瑜伽部）。最低的兩個層次，外在的清潔乾淨被強調爲幫助修行人生起心靈內在純淨的方法，所以，這些修行人不吃肉，吃肉被視爲不純淨。相反的，在最高的無上瑜伽部，基於不執著和大悲心的精神，一個具格的修行者運用細微神經系統在禪修，爲此，他們的身體必須很強壯，因此他們被建議要吃肉。另外，這個層次強調透過無我的禪修以轉化普通的物質，這樣的修行人，有著甚深禪定所生的道德，並不是爲了自己的高興而貪心地吃肉。

在西藏還有一個因素要考慮：由於海拔很高，氣候嚴酷，除了青稞粉、奶製品和肉可以吃之外，沒有其他食物可吃，因此藏人必須吃肉才能維持生命。然而，法王達賴喇嘛已經鼓勵流亡在國外的藏人，因爲國外已有較多的蔬菜和水果，所以還是儘量不要吃肉比較好。

如果修行人有嚴重的健康問題，他們的精神上師可能會要他們吃肉，這樣才能保持健康的身體，利用它來做佛法的修行。佛陀禁止他的弟子出家人和在家人在以下的情況吃肉：1.親自殺的動物，2.請別人替自己殺，3.當知道或懷疑別人是爲了請自己吃而殺動物。避免在以上任何情況下獲得肉品，就不算是造了殺戮的惡業。接下來會有這個問題：「在市場買肉煮來吃算不算殺業？」許多上師會說那是允許的。我個人的意見是，因消費需求而有肉的供應，這過程勢必會有殺生的行爲，所以吃肉是有牽扯到一些殺業；但是，這樣的業還是與親自屠殺動物的業有差異。

如果要吃肉的話，建議吃大型動物的肉，因爲這樣能把供應一餐所殺的生命數量降到最低。失去一隻牛的生命就可以供應許多人很多餐，而許多蝦子的生命卻只能塡飽一個人一餐的肚子。吃肉的人也要藉此對付出自己生命供他人吃的動物心生感激和慈悲，這樣吃肉的人就會發願把佛法學好以報答動物的恩情。還有，非素食者可對著有肉的菜唸這個咒語：「嗡　阿比惹可擦惹　吽」七遍，希望已成爲肉品的動物有幸福的來生。

我們不能看著別人餐盤上的食物，就把對方貼上「好佛教徒」或「壞佛教徒」的標籤。那些對動物心存感激、慈悲的非素食者，可能比那些「基本要義的素食主義者」更崇高純潔，因為後者只能接受自己的見解，而難以容忍任何與自己不同的見解。每個人須先檢視自己修行的程度、身體狀況及居住環境的資源，再來決定吃素與否，不必堅持其他人都要跟自己一樣。我們吃什麼並不會使我們開悟，而是我們以什麼動機做什麼事。

根據佛法，器官捐贈有利益嗎？

一般而言，提供身體的部分以利益他人是善良的。今日，做這種事比以前容易，以腎臟為例，一個腎臟可以頻繁地從一個人身上移植到另一個人身上而不會發生大的併發症。然而每個案例必須分開來看，須視一個人的動機還有對方的狀況而定。

死後捐出個人器官是一種選擇，這選擇每個人都不同，端視每個人心靈的情況，以及精神修行的程度而定。有一些案例是在心臟停止跳動之後移植器官，不過，若在意識尚未離開之前就移植器官，可能會干擾死亡的過程而對死者不利。另一方面，有人慈悲心的力量及利益他人的願望超過了他所要經歷的種種不便，因此他選擇捐贈器官，而且這可能是修行者關懷他人的最終行動。總之，這是個人的選擇。

佛教對墮胎有什麼看法？

根據佛教的說法，受孕的那一刻，意識就與受精卵結合，所以胚胎是有生命的。非自願的懷孕是較難解決的情形，關於這點，我們須以創意性的思考來想如何幫助當事人去面對。沒有對錯、黑白的答案，每個情況都是獨特的。但是不管做什麼選擇，痛苦是不可否認的。

最近在美國，墮胎的爭辯很激烈，雙方都宣稱自己是對的。然而，我看到的是雙方的憤怒多於悲憫，但無論如何，悲憫非自願懷孕的媽媽和小孩才是最重要的。我們必須在沒有完美解決方法的案子中，試著找出「最好的」解決方法，還要考慮到對媽媽與小孩短期和長期的影響。例如，墮胎可能終止懷孕並解決眼前的問題，但父母可能事後會有未解決的情緒問題，而他們和醫生所造的業，對他們將來的幸福也會有負面的影響。

提供較好的節育教育與諮詢是刻不容緩的事，尤其是青少年族群。對於年輕人的浪漫愛情觀還需要給予現實生活的教育，但是，如果要教他們這一點，大人首先要能以身作則！也就是說，要拆解我們從小到大被童話和好萊塢故事所制約的情況。還有，我們應該改善領養的服務以幫助沒有小孩的夫婦。我很感激我那些被收養的親戚朋友的親生父母所做的選擇，沒有領養制度的話，我根本不會認識那些現在和我很親近的人。

佛教允許節育嗎？

是的，不過要看用的是什麼方法。預防受孕的節育方法是被允許的，然而一旦已經受孕了，意識已進入受精卵，情況就不一樣了。所以，緊急避孕措施如晨起型藥丸、IUD子宮內避孕器等方法，佛教是不主張的。

佛教對死刑有什麼看法？

生命是任何人最有價值的財產，即使有人做出犯罪的舉動。佛教主張改過自新或監禁，而不是處以死刑。然而，縱使是監禁也還須有正當的動機，也就是說，監禁是為了防止犯人再去傷害別人，且防止造更多導致他或她將來不幸的惡業。尋求報復或處罰別人而感到慶幸，則是與鼓勵我們培養仁慈的佛教精神相違背的。

以佛教主張非暴力的觀點，出於自我防衛而傷害人的行為是合理的嗎？

自衛不須要牽涉到暴力，而非暴力不代表要變得像踏墊一樣任人踐踏。我們可以尋求保護自己免於傷害而又不傷害別人的方法，或施予必要的、最輕微的處罰。在事發與行動之間，不管有多少時間，我們可以嘗試減低自我中心，並儘量提起慈悲的念頭。

珍愛別人更甚於珍愛自己的人，通常會選擇犧牲自己的生命而不去殺害別人。古代有個將軍對一個不回答他問題的和尚很生氣，於是抽出寶劍，大聲地嚷著：「你知道我能不假思索地用劍刺穿你嗎？」和尚冷靜地回答：「那你知道我可以不假思索地讓那劍刺穿我嗎？」如果我們不執著於身體，又不想取別人的生命，我們可能願意放棄自己的生命。

然而，大部分的人仍無法心無罣礙地做到這點。如果我們覺得沒辦法避免殺戮，至少試著不帶愉悅，並對於引起別人的痛苦而心存慚愧。如果我們一點都沒有要傷害別人的動機，那麼業力的影響也會比較小。淨化修行也會減低業果的力量。

戰爭的時候，我們該怎麼辦？或者親愛的人遭受威脅時，該怎麼辦？

尋求非暴力的方法處理困境，總是比以暴力爲訴求好。如果我們運用聰明及創意，就比較能找到其他解決之道。當然，外交策略比戰爭有效果，不管狀況有多糟，我們都能有個如何對應的選擇。我們可以使人分散注意力或使人受傷，而不是用殺人方式。如果發生戰爭了，我們應該仔細考慮要做什麼選擇。我們應該衡量殺與不殺對今生及來生的好處和壞處，並且要檢視這種行爲對我們及他人的影響，然後再根據我們認爲最好的（或最不造成傷害的）做抉擇——雖然可能沒有簡單的解決辦法。

家中有蟲子，該怎麼處理？

我們可以用有創意的方法搬移牠們！沒有必要殺牠們。把一隻螞蟻放在一張紙上，帶到外面；或是把一隻蜘蛛或蟑螂捉到塑膠容器中，放到草坪上，這樣做可能要花點時間，但是當我們想到殺生的果報，以及每隻蟲子珍愛牠的生命就像我們珍愛自己的一樣，就不會在乎那額外的精力和時間了。

殺生有沒有被允許過？

在世尊的前世故事裡，有一個故事是當世尊有一生還是菩薩的時候，他是一位船長，有一位船員想要殺掉船上五百名商人以得到他們的財物。世尊知道了，不只對那五百名商人，也對那名船員生起強烈的慈悲，因爲那名船員將因殺很多人而受到悲慘的果報。另外，他也願意由自己來承擔殺人的惡報。因此，世尊決定殺掉那名船員。但是因爲他的動機是純淨的，所以殺業的果報也因而降到最低，同時他還因造了很大的善業而進入菩薩之道。

第十六章

女性與佛法的關係

這章在說什麼？

我們在許多的前生都曾是男性，也曾是女性，當我們在禪修，注意著呼吸和觀照自己的心識時，可以清楚地看到，其實我們的心識不是男的，也不是女的。換句話說，我們並沒有實在的男性或女性的本質，因此，我們應該避免讓這種標籤分類的方式太堅固死板，超過了實際的狀況。

男性和女性都能獲得自在和證悟嗎？

佛教中不同的教派對此有不同的看法。金剛乘認爲男女平等，都能獲證開悟自在的境界。然而，小乘和一般大乘教派的描述則認爲：雖然一個人可以以女身而獲得證悟，但要得到究竟的證悟，必須要在最後一生是男身。到了佛陀的境界，已經超越了男女之分，一個證悟的眾生可化現爲任何型態的軀體——人或動物，男或女——只要對眾生有利益。

我們的性別如同一切事物，只是由標籤的安立而存在。在這個例子，標籤的命名是靠我們身體細胞組織的安排而訂出來的。當我們說：「我是男的」或「我是女的」，這樣的命名只是根據今生我們擁有的身體。我們在許多的前生都曾是男性，也曾是女性，當我們在禪修，注意著呼吸和觀照自己的心識時，可以清楚地看到，其實我們的心識不是男的，也不是女的。換句話說，我們並沒有實在的男性或女性的本質，因此，我們應該避免讓這種標籤分類的方式太堅固死板，超過了實際的狀況。

女人在經期期間可以做供養、祈禱和禪修嗎？

當然！任何不能做的說法都是迷信。

女人修學佛法會比男人困難嗎？

不能一概而論，因爲每個個體都不一樣。有些女人發現到月經週期會影響情緒的改變，她們必須學著去面對。可是男人也有很情緒化的時候！我相信障礙女人、使她們退縮的最主要原因，是缺乏自信，以及社會價值和家庭教養對女人潛能的局限眼光。如果我們認爲不能做好某些事情，就連試都不去試，這樣是多麼浪費人類的潛能啊！我們既具有人類的聰明才智，又遇到佛法，而且還擁有修學佛法證悟的必須條件，所以，讓我們行動吧！修行的成就有賴於我們的自信心和努力，而不在於別人的意見和想法。根據歷史事實，許多女人已經證得開悟自在的境界。《長老尼偈》（原始佛教僧團，一群女性修行者的傳記）、一些大乘經典和密教的大師自傳中，都提及很多女行者成爲阿羅漢、菩薩和佛陀。直到現在，我們也看到有女性成爲有成就的瑜伽行者、老師和佛學中心的領導者。

女性在佛教團體中是平等參與一切事的嗎？

在大多數的西方和東方文化中，女性的活動一向受到比較多限制，而且社會地位也比男性低。近年來，西方社會對於女性的地位和機會的開放已改變許多，但是亞洲的情況並沒有改變太多。西元前六世紀、世尊在世時，女人被認為隸屬於男人，使得她們的社會角色受到很大限制。為了適應印度的價值觀，世尊制定了比丘尼需坐在比丘後面，受人服務也是在比丘之後，以及比丘尼團體須被比丘所管理。這是由於古代印度的社會習俗，並不表示女性的智力和能力就是如此。事實上，男性是成佛之道上方法方面的代表，女性則為智慧方面的象徵。

雖然據說世尊本來拒絕讓女性進入僧團，但他很快就同意由比丘尼建立女眾的道場，這對古代印度社會是一大改革。那時候，女性被視為先屬於父親，再來是丈夫，然後是兒子的財產。世尊很清楚地認可女人也能證得佛果的潛能，而且由賦予完全的聖職來鼓勵女眾修行，這些舉措在當時世尊在世的社會都是非常了不起的。除了耆那教之外，佛教是當時唯一讓女性任聖職（指出家進入僧團）的宗教。

雖然女性修行佛法和證得佛果的能力，在傳統上早就被認可了，然而由於文化上的偏見，女性在僧團中仍居於次等地位。不過，內在的修行不同於外在的權力與認可，一個眞正的修行人比較注重內在的修行更甚於權力與認可。但是那並不表示女人必須滿足於接受制度化的文化成見，我們要試著去修復成見，但不以自大或憤怒爲動機，而是因爲我們要所有眾生男女都一樣都能好好修行並修得證果。

佛教的女眾僧團有不同的層級：近事女（指受了八戒者）、沙彌尼、正學女（又名「式叉摩那尼」）、比丘尼，這些不同的層級並不是每個佛教國家都有，也因而影響到各個東方社會如何看待他們的尼眾修行者。在中國、韓國及越南的宗派，女性可以受俱足戒（指比丘尼戒），所以那裡的女眾行者多是受過教育並在社會上很活躍，夠資格自成大師。事實上，中國的尼眾數量已超過男眾。相對的，比丘尼戒在泰國並不被承認，而受了八戒的女眾則介於在家人與出家人之間的模糊地帶。在斯里蘭卡，女眾可以受十戒，但也屬於模糊地帶的狀況。在西藏，只有到沙彌尼戒而沒有比丘尼戒，雖然已有一些偉大的女修行者，但目前傳授佛法的女眾仍非常少。現今在缺乏俱足戒傳承中的女眾修行者，很有興趣將俱足戒的傳承納入她們的宗派制度中。不只尼眾，還有男眾，都在研究如何將俱足戒的傳承從一個宗派傳到另一個宗派。還有，有些女眾，包括西方和東方，已到其他國家，如中國、香港、法國和美國等地的寺廟去受俱足戒。

要怎麼做才能改善比丘尼和女眾修行者的情況？

一旦佛法傳到西方，一定要拋棄對女性的文化偏見，因為現在的西方文化不會容許這樣的情形。而且，這樣的偏見對男性和女性都有傷害。目前在西方，女性在佛教團體很活躍，很多是擔任領導者或教師的角色。不過，因為性別歧視仍然存在，我們一定要小心注意，不要讓針對女性的偏見偷偷溜進西方佛教的翻譯、儀軌和教授中。特別是所有佛教經本的翻譯和祈禱文都應該使用中性用語，例如提及菩薩時，應稱為「佛陀精神上的孩子」，而不是「佛陀的兒子」。

新的尼眾道場、團體和女眾的教育機構，陸續在亞洲和西方國家成立，這些都須要經費去經營，並有助於佛法的興盛。想要長期閉關的女眾需要護持，還有做社會福利規劃者、出版佛書者和翻譯經本者，也需要大家的護持。當有人有心要供養以護持佛法時，可以留意以上這些事情。

從一九八七年開始，已定期舉行女性佛教徒的國際會議，國際女性佛教徒的組織也已經成立，至少有兩個國際性女性佛教徒的期刊在發行，有興趣改善女性修行者各個層面問題的風氣愈來愈興盛。看到從各種不同文化和傳統的女性，連結她們共同的志向，想要修行並落實佛法，是很令人受到激勵的。

第十七章

比丘、比丘尼和在家行者

這章在說什麼？

出家為比丘或比丘尼的人，並不是為了逃避現實生活的艱難，而是真心想去發覺實相。出家是基於個人的承諾，想要行為、語言、精神的能量趨向有效益的方向。經由淨化、提升心靈，出家人能夠有能力引導其他人學習佛法，走向永恆的快樂之道。

出家為比丘或比丘尼須要什麼條件？

出家包括接受由世尊制定的某些戒律或誓言，並且盡力地照著戒律或誓言生活。出家是基於個人的承諾保證，想要她或他的行爲、語言、精神的能量趨向有效益的方向，而不是雜亂無章的想到什麼就做什麼。沙彌尼由終生受十戒而構成，藏傳佛教中，這十條又分成三十六條。俱足戒包含受二百多或三百條戒條，數目不一，是根據巴利律藏的傳承，以及受戒者是男性或女性而定。

在家人也可以受戒，所受的戒稱爲在家五戒，就是：不殺生、不偷盜、不邪淫、不妄語、不飲酒。有些在家人會終生受八戒，也就是上面的五戒再加上：1.不歌舞玩嫑，不化妝、擦香水、戴首飾；2.不坐臥高廣大床；3.過午不食。在家五戒中的第三條「不邪淫」，在受八戒時是指不能有性行爲。還有，八戒也可以選擇一天一天的受，雖然任何日子都可以受，通常還是會選在初一、十五及佛教節慶日。

決定要成爲比丘尼或比丘或受在家五戒時，要徵求老師的許可傳授。如果老師認爲弟子已具有適當的基礎，就會安排適當的儀典爲他傳授。

出家為比丘尼或比丘有什麼好處？受出家戒須要修行佛法嗎？

成爲比丘尼或比丘不一定要修行佛法。出家是個人的選擇，而且一定是自己做決定的。根據歷史記載，許多在家人也獲得很高的證悟，學習他們的生活，效仿他們，是很能激勵人心的。

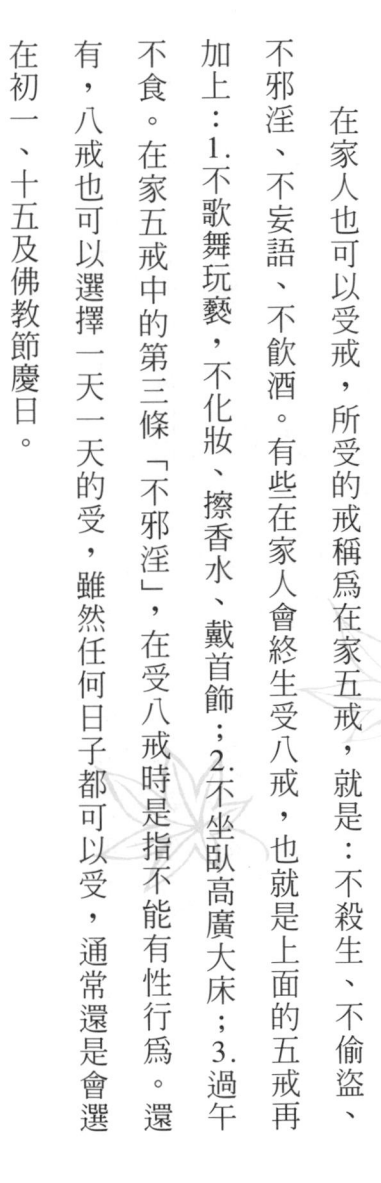

不過，出家也有出家的好處：一個人依照戒律而生活，會不斷地累積善業。只要不破戒，就是繼續不斷地豐富心識中的善業，甚至連睡覺時都在累積。因爲家庭的責任與義務須花費很多時間和精力，出家會使人較有時間修行且比較不會分心。照顧孩子須要花很多心力，如果他們在你身邊玩耍、哭鬧，想要禪修打坐就會比較困難。一個人如果視照顧家庭是一種分心，想要平和他們的內心，以及累積眾多善業，他們可能會決定出家，使修行的路更有效益。

在家人如何修行？

在家女眾或男眾都可以修行佛法，都是在修如何征服我們的心。在一些佛教文化中，有的人會低估自己的潛力而想著：「我是個在家人，而聽聞佛法、唱誦打坐都是比丘、比丘尼要做的事，不關我的事。我只要去寺廟拜拜、供養，以及爲我的家庭祈求健康美滿就好了。」雖然這些行爲都是善的，但是如果以學佛及將佛法與生活結合的觀點來看，在家人還是有能力擁有豐富的精神生活。儘量規律性的參加聽法和閉關是很重要的，這樣做，能夠使人了解事實眞相以及佛法之美，否則只會停留在「燒香拜佛的佛教徒」（指去寺廟燒香的人，只是很形式的，但對法的內涵卻了解甚少）。如果有人問他們關於佛教的問題，他們會有回應上的困難，這樣滿可悲的。不過，大體來說，東方和西方有很多佛教徒熱衷於靜坐及研究佛法，這是一個好現象。

在家佛教徒可以終生受在家五戒，或是在特別的日子受八關齋戒，這樣做能夠增加觀照的實修，並且可以造很多善業。除此之外，在家人可以利用周末參加閉關、寺廟或佛教中心舉辦的佛法課，或者利用度假時間做長期的閉關。

佛法的存在與弘揚的責任除了有賴出家人的推動，在家人也要承擔。如果我們視佛法很有價值，希望它能長久住世並興隆昌盛，就有責任根據自己所能，好好的學習佛法並實踐修行。

出家為比丘或比丘尼的人，是為了逃避現實生活的艱難嗎？

不是「逃避」，而是眞誠的修行者想嘗試著去發覺實相！追逐感官的享受，藉著看電視、逛街購物或喝酒來分散注意力，這才是逃避現實的方法，因爲這些活動讓我們不能專心地面對死亡的事實和業力因果的法則。以佛法來說，若不能專心看著這些法，就是怠惰的表現，因爲你沒有努力在做減少執著、瞋怒和愚痴的事。

問這個問題的人，大概是認爲工作、房屋貸款，以及撫養家庭是件苦差事，因而構成了「現實生活很艱難」的說法。但是誠實的面對自己、辨認自己的錯誤見解和惡行，才是更艱難的現實呢！有在禪修、祈禱的人可能無法明顯地以一座摩天大樓或一張支票作爲成就的象徵，不過他們絕不會懶惰或不負責任。減少我們的貪、瞋、痴，改變身、口、意不好的習慣，是很辛苦的工作。爲了成佛，長期的努力是必須的。

如果成爲比丘或比丘尼是希望有個「好過一點的日子」，那麼出家的動機就不清淨了，而且他們也不會滿意於出家的生活。痛苦的原因——貪、瞋、痴——如影隨行地跟著我們，它們不需要持有護照才能跟我們到另一個國家，也不會因出家就可被擋在寺廟的大門外面。如果只要剃個光頭、披上袈裟就能逃避現實生活的艱難，我想每個人都會去出家了！不幸的是，問題沒那麼簡單。只要我們的貪、瞋、痴還在，就逃避不了問題，不管我們是不是已經出家。

有些人認爲：「只有不適應現實世界的人才會出家當比丘、比丘尼，他們大概有家庭問題，或者在學校待不下去，或者找不到好工作。他們住在寺廟還受戒，只是因爲想要有個家和有事可做。」如果有人是因爲這些原因而出家，缺乏應有的動機，那時幫他們出家的師長就必須踢掉他們。相反的，以正確動機出家的人，有很強的心力發展他們的潛能，降伏煩惱，並去幫助別人。

所有的比丘、比丘尼都要發誓持守獨身，還是可以結婚呢？

所有的比丘、比丘尼都必須發誓獨身。除了日本發展了一種在家比丘的傳統，他們並不發誓獨身，而且還可以結婚。有些比丘會剃頭、穿袈裟，有些則沒有。

在藏傳佛教裡，一個人可以是在家人、有家庭而仍可當別人的精神上師。出於對佛法的尊敬，這樣的上師有時穿著類似寺廟的袈裟，但其實還是有一點不同。不過這樣有時滿令人搞不清楚的，因為看不出異同的人會覺得奇怪：為什麼「比丘」或「比丘尼」有留長頭髮的？因此，法王達賴喇嘛要求這種修行人在衣服上再披一條白帶，以表示他們是在家修行者，而非出家人。

可以短期的出家嗎？還是出家必須是終生之事？

每個佛教宗派有不同的做法。在泰國，男人必須當幾週或幾個月的比丘，然後又可恢復在家人的身分。大多數的泰國年輕人都這樣做，而且這對他的家族來說是一種榮幸。其他的宗派，出家是終生之事。不過，如果一個人出家後不快樂，他或她仍然可以把誓言還回去，恢復在家身。有的人選擇持守八關齋戒一年，他們的上師可能允許他們那一年中穿僧服，雖然他們應該還是在家人。

出家僧團與在家修行者之間有什麼關係？

如同佛陀當初所制定的：僧團的責任是維持誓言，學習及修行佛法，還有教導指引在家人；而在家人則是提供出家眾生活所需，如住宿、衣服、食物和醫藥。這樣的系統讓出家修行者有更多時間研讀和禪修，才能在道上不斷提升，而能更有資格及更有效益地指導別人。這種關係在各個宗派都有某種程度的延續，不過呈現的面貌各不相同。在中國的禪宗，工作被視爲修行的一部分，比丘和比丘尼都要下田工作，再加上讀經與禪修。在泰國，仍嚴格遵守不能手持金錢的誓言，而且在家人不只供應僧團任何所需，還幫忙在寺廟裡從事體力勞動的工作。

在亞洲一帶，比丘和比丘尼很普遍地受到尊敬和照顧，因爲社會上認爲佛法修行是很有價值的。然而，寺院裡的人應把自己視爲眾人的僕人，並且當接受供養或受到尊敬時，不能感到自豪；若是他們感到得意，修行就會衰退。

在西方，出家人與在家修行人的關係還在成形當中，這將會受西方社會民主和較沒有階級制度的精神所影響。某方面來說，這是好事；另一方面來說，也是壞事。例如，西方出家僧人的經濟需要，常常不是由他們住的寺廟或中心提供，結果導致一些出家男眾或女眾必須穿上在家服到外面工作以維持生計。有的人即使有足夠的錢塡飽肚子，但是如果生病了，或想要去遠方接受教導，或想要做長期閉關，就會面臨經濟上的困難。

出家以後，要排拒自己的家人和朋友嗎？

一點都不必。出家人決定不擁有家庭生活時，並不表示他們須要排拒自己的父母和兄弟。雖然出家人希望能捨棄對家人與朋友的貪著，但他們仍然愛著自己的家人，並感恩他們，只是他們並不把愛局限於較小的族群。透過將他們的愛擴大於所有眾生，出家人試圖對所有眾生發展完整的愛，且把眾生當成自己的家人。透過宗教，他們呈現這種愛，努力使世界成爲更好的地方。

經由淨化、提升心靈，出家人能夠引導其他人學習佛法，走向永恆的快樂之道，他們知道這樣不僅能利益他們的家人，還能利益社會整體。即使這一生沒有達到高量的證悟，但他們擁有寬廣的眼光，以及長遠的快樂和利益。他們這麼想：「如果我繼續世間的生活，煩惱將會顯露，我會傷害到別人，還造了將來投胎到不好的地方的因。如果發生這種事的話，我還能幫助家人與其他眾生嗎？但是，如果我修習佛法，我的能力會增加，就更能夠幫助這些人。」這樣的話，出家人的心與他們的家人和其他眾生仍然相連繫，雖然他們並沒有像世間人一樣地過家庭生活。

對於孩子出家，為人父母應該有何看法？

他們應該感到非常高興，那表示父母善盡職責，有教導孩子道德紀律和關懷他人的觀念。有些父母會因孩子要出家而苦惱，擔心孩子出家會不快樂，或是缺乏經濟上的保障。有些父母會生氣，想著：「我們花了這麼多錢栽培你，我們老了的時候，你卻在寺廟裡，那誰來照顧我們呢？」父母有這種態度是好意，希望孩子快樂。可是有家庭、事業和許多財產並不是獲得快樂的唯一途徑。當然，當釋迦牟尼佛離開皇宮裡奢華的生活去尋找永恆快樂的覺悟時，他的父母也是很氣惱！但是懂得佛法的父母會希望孩子現在和將來都快樂，而父母也會了解宗教修行是帶來那種快樂的方法。父母應該會感到欣慰，因爲他們的孩子爲佛法的高貴目標而奉獻自己。

受戒是一種受苦的犧牲嗎？

不應該是如此。出家受戒的人不應該這樣認爲：「我好想做那些事，但是我發過誓了，所以不能做。」如果他們這麼想的話，出家一定不會快樂。捨棄負面的行爲不應該被看成是一種包袱，而應是一種愉悅。成爲愉悅的關鍵態度在於深入思維因果道理。

當我們發了誓言受戒，不管受的是在家五戒或出家戒，首先要生起這樣的態度：「在我的內心裡，我眞的不想殺生、偷盜、妄語等等。」有時候在一個眞實的情境中，我們可能有脆弱的時候，覺得很想嘗試去做不應該做的事。受戒給我們額外的力量和決心，不會去做我們眞的不想做的事。例如，我們可能誠心地想要不殺生，但是當蟑螂出現在房子裡時，我們可能就會想要用殺蟲劑，然後我們記得自己不想殺生，於是擋住了會使我們做惡行的煩惱。如此的話，戒律是在解放我們，而不是限制我們，因爲戒律幫助我們脫離無益於身心的習性傾向。

有時候我們遇到的佛教徒，包括出家人與在家人，儘管他們有在修行，但卻心性不良或不好相處。為什麼會如此？

並不是所有的佛教徒都已成佛！有些人並不把世尊在道德方面的引導放在心上；即使放在心上，但轉化心靈的工作仍須花很長一段時間才有一點點的成果。化解怒氣的過程並不簡單，我們從自己的經驗就能了解。當我們正在發脾氣的習性當中時，光說：「我不應該如此！」是沒辦法停止的。我們一定要有正確的、持續的修行，才能避免落入熟悉但不好的情緒與行爲中。藉由長時間訓練我們的心性，就可以把精力導向不同的方向。

要對自己有耐心；同樣的，也須對別人有耐心。我們都一樣地在跟內在的敵人打仗煩惱、負面情緒、過去行爲的印記。有時候我們夠強壯，可以正視面對煩惱，而其他時間我們都被憤怒、嫉妒、執著、驕慢帶走了。當我們屈服於負面情緒時，批評或責怪自己都於事無補。同樣的，當別人也如此的時候，責怪、批評別人也沒什麼效果。了解轉化自己是如何地困難，所以我們對別人也要有同樣的耐心才是。

既爲相同道路的行者，我們一定要和諧相處，互相接受對方的缺點。我們的職責是不要手指著別人，說：「爲什麼你不修行得好一點？爲什麼你不能控制脾氣？」而應該問問自己：「爲什麼我不修行得好一點，這樣別人的行爲就不會讓我生氣了？」而且，我們還要自問：「我該怎麼幫助他們？」

學佛者雖然不盡完美，並不表示世尊的教法是不完美的。只能說，個人沒有把佛法學好，或是說，他們的修行還不夠堅實。無論如何，世尊的教法仍然無懈可擊，只要有人正確的、持續的修行，一定能夠轉化自己，達到很高的覺悟。

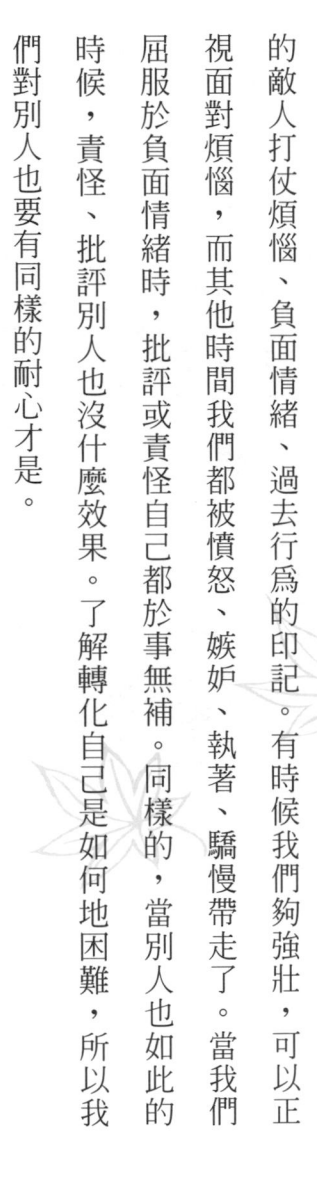

第十八章

精神上師

這章在說什麼？

如同書本提供給我們資料，老師能幫我們解惑，並且是提供我們關於佛法與生活結合的典範。由認識到老師的良好特質並尊敬老師，我們也會因而受益，因為尊敬對方使我們會願意接受教導而得到利益。

跟隨一位精神上師是必要的嗎？我們如何找到精神上師？

有一位或多位具格的師長指導是非常有用的。如同書本提供給我們資料，老師能幫我們解惑，並且是提供我們關於佛法與生活結合的典範。我們可以有多位老師，而通常其中一位是主要、根本的上師。

我們有責任爲自己尋找具格的上師，尤其在現今五花八門、猶如一個精神超級市場的西方。並不是每個教導的人都是已證悟的人，甚至不一定是有道德的人，在把他們當成老師之前，必須先了解他們。要做到這點，應該去參加不同人的教授，觀察他們的行爲，檢查他們教授的品質，然後再慢慢決定。

在選擇老師時，應該觀察老師的哪些資格？

合格的老師應該行爲合乎道德，有甚深的禪修經驗，以及正確地了解空性道理，還要深入研閱佛教經典，能夠教授不同的佛教主題，並且跟自己的老師有良好的關係。他們教導的動機是出於由衷地關心學生，而不是希望得到供養和名氣。他們很慈悲、有耐心，不管學生犯多少錯誤，都會盡力幫助學生。他們是根據佛法的原則而教，不會爲了擁有更多學生和收到更多供養而竄改佛法的意思。

佛法老師必須是出家人嗎？或者在家人也可以？

佛法老師可以是出家人，也可以是在家人，兩者的差異只在出家人是獨身，在家人有家庭。要看的是誰能作爲我們的模範，就可好好地跟著他們學習。

我們如何和老師產生關連？

由認識到老師的良好特質並尊敬老師，我們也會因而受益，因為尊敬對方使我們會願意接受教導而得到利益。另外，如果我們幫老師做事，讓老師心無旁騖地教導，這樣我們會得到無價的經驗，並造很好的善業。與老師產生關連，最重要的是多去思維、實踐老師給的珍貴教法。不論我們接受到法的教導是以團體方式或個人方式，都是為了要利益我們，我們應盡力去實踐。

對師長恭敬並服從他們的指導，並不表示讓自己與師長有不正常的關係。有些人說要「降服」於靈性的指導。其實我們須降服的是以自我為中心的煩惱和負面情緒，而不是我們的智慧、常識，以及生活上該負的責任。如果師長叫我們做的事有違基本的佛教法則，我們就不應該去做。

我曾遇到一些女性被上師問及希望與她們發生性關係，當她們婉拒時，會對自己的反應覺得很不確定，甚至有罪惡感，因為她們想：「這是證量很高的師長，他的行爲也許是有原因的，只是我不懂而已。」女眾其實不必懷疑自己。如果覺得不妥或不安，就應該直說並且離開。其他覺得受寵若驚的女眾，因爲她們覺得被上師注意到，而且以爲和上師發生關係可能會有特別的靈性上的體驗，若繼續下去，通常會走向失望及受到傷害的下場，所以應該避免。

除此之外，貪愛自己的師長是不適當的，因爲會有佔有欲而對其他學生產生嫉妒心。老師的角色是爲了要引導我們走向覺悟，而不是要滿足我們的情緒需要。精神上師不是父母或心理治療師的替代品。

有時候心靈上師會指出我們的錯誤。他們這麼做是出自慈悲心，爲了要利益我們，所以這時候我們應該自我檢討，趁此機會認識自己，然後，應該將佛法的教授放在心上，調整我們無效益的思考，改變自己不好的行爲。

如果遇到上師或出家人對我們做出似乎不合宜的舉動，該怎麼辦？

一定要先建立積極的態度，然後再決定適當的行動方針。雖然掩飾不適當的行爲是不健康的，然而變得憤怒，引起騷動喧鬧，對自己和別人也沒有幫助。當我們尊敬的人有不合宜的行爲時，感受到失望是很自然的。不過，這時候問自己是很重要的：「我感到失望和憤怒，是因爲那個人不是我想像的那樣？」或是：「我感到悲傷，是因爲對方可能有困難而需要幫忙？」這兩種態度有很大的差異。前者是出自於自我中心的想法因爲我所設立的偶像或角色模範，他的表現並不是照我期待的或想要的，所以我感到煩惱。後者是出自慈悲，想要利益對方。我們一定要檢視自己的期待，並試著調整爲後者的態度。

下一步是去想：怎麼做對這種情況才有最好的幫助。各個情況都不一樣。有的例子是我們可以直接問對方；有些情形是，我們可能覺得最好跟對方的老師或法友談比較好；有的情況可以平靜地解決，有的可能必須公開討論。無論如何，我們應該儘量培養既誠懇又慈悲的態度不要指控、指責或自以爲是。

應該怎麼稱呼上師才較合宜？喇嘛、仁波切、格西、阿姜、羅西、先生，這些術語是什麼意思？

可以問我們的老師喜歡什麼樣的稱呼。出家人通常被尊稱爲「某某法師」，不過也有些以「師姐」、「師兄」互稱。「阿姜」是用在小乘佛教的術語，意指老師或年長的出家人。「羅西」和「先生」是用在日本禪宗的術語，前者意指修行已到達某種程度的人，後者是一般老師的稱謂。「喇嘛」、「仁波切」、「格西」都是藏傳佛教的術語。「喇嘛」可用在不同場合，意指老師，用在證量很高的大師。有時候這個詞也用在對做完三年三個月閉關的人的稱呼。「仁波切」是對被認證爲精神大師轉世的人的稱呼，也可以用在對自己上師的尊稱。「格西」是一種教育程度，相當於佛教的博士學位。

我們很容易就被這麼多稱謂搞糊塗，並對於稱謂與實際成就之間的關係感到迷惑。還有，有的人喜歡頭銜，就用了許多稱謂，其實他們的心靈成就非常少；有的人較爲謙虛，拒絕任何頭銜，雖然他們對佛法有很深的教理學養和修行體驗。我們不應該依賴頭銜，在與對方建立師生關係前，應該先檢視他們的教理和個人的品性。

第十九章

家庭與孩子

這章在說什麼？

如果夫妻都把佛法視為雙方關係的核心，也就是說，雙方決定生活不逾越道德，並發展對所有眾生的慈悲心，這樣他們會互相護持對方的成長與修行。佛法的精華在於避免傷害他人，並儘量幫助他人，這是佛教徒、也是非佛教徒父母都想逐漸灌輸給孩子的價值觀，以便讓孩子以後能和別人和諧地相處。

佛教對浪漫的愛情和婚姻有什麼看法？

浪漫的愛情通常會因爲執著而讓我們苦惱、受折磨，這也是爲什麼許多婚姻最後以離婚收場的原因。當人們是依著自己製造出來的形象，而不是依眞正的人談戀愛時，錯誤的期待就會快速增加。例如，很多西方人很不實際地期望伴侶符合他們的情緒需求。如果有人對我們說：「我希望你平常對我的敏感度要高，不斷地護持我，不管我做什麼都能了解我，並且滿足我情緒上的需要。」我們會怎麼說？毫無疑問的，我們會告訴他們，我們只是一個有限的人，他們找錯對象了！同樣的，我們應該避免把這種不切實際的期望加諸在伴侶身上。

每個人都有多元的興趣和不同的情緒需求，因此需要不同的親戚朋友和我們分享、溝通。現今因爲人們不斷的遷移，可能必須更努力發展一些穩定的、長期的友誼，不過這樣做是值得的，因爲如此能增進夫妻之間首要的關係。

若希望浪漫的關係能持續，就不只需要浪漫的愛情而已，還需要愛對方如同愛人類和朋友一樣。性的吸引力雖然可以滿足浪漫的愛情，但對於建立長期的關係卻不是穩定的基礎。更深的關懷與摯愛，以及責任與信任，都是必須培養的。

何況，我們並不完全了解自己，我們的自我是神祕不可理解的，更別說別人對我們而言是更爲神祕難解了。因此，絕不要因爲和伴侶已在一起許多年了，便自以爲了解伴侶。如果我們有覺察到別人對我們都是神祕的，就會繼續地留意他或她，並對他或她保持興趣，而這樣的興趣是讓關係維持長久的關鍵。

佛教如何幫助我們的家庭生活？

和諧的家庭極爲重要。離婚對大人和小孩都會造成心靈的創傷。如果大人視婚姻的主要目的是爲了樂趣，家庭就比較容易發生爭吵及破裂。一旦發現婚姻生活並不如自己想像中愉快時，便會開始不滿足，爭吵便接踵而來，然後婚姻就崩潰了。很多人不斷更換伴侶，仍然無法滿足，就是執著於個人的愉快而帶給自己與他人痛苦的清楚例子。

如果夫妻都把佛法視爲雙方關係的核心，他們的關係會比較令人滿意。也就是說，雙方都已決定生活不逾越道德，並發展對所有眾生的慈悲心，這樣他們會互相護持對方的成長與修行。舉例來說，當其中一方灰心氣餒、不想學佛時，另一方就會幫助他或她，透過溫和的鼓勵及敞開心胸的討論，讓對方回到以前的軌道。如果夫妻有孩子，可以錯開安排靜修的時間和照顧孩子的時間。

雖然教養孩子需要花很多時間，但父母不可把這視爲與修行佛法對立。

父母可以從孩子身上更認識自己，還可以互相幫助對方，以佛教的觀點來度過爲人父母的挑戰。

受到當代心理學趨勢的影響，很多人會把自己大部分的問題歸咎於童年的經驗。然而，如果這樣做是以責怪的心態：「我現在有問題，是因爲小時候父母做了什麼事。」這樣會造成他們成家有孩子之後，內心會一直懷著罪惡感，並畏懼自己會毀了孩子。這樣的焦慮對於想健康地教養孩子，或是對自己慈悲，一點正面意義都沒有。這是把自己的童年視同得了疾病一般，我們只有毀害自己與孩子才能痊癒。

雖然我們無法忽略童年所受到的不好影響，但是留意我們從家人那裡得到的恩惠與善意也非常重要。不管以前的情況如何，當我們長大後，都曾經接受別人的許多幫助。記住，我們既然容許自己對曾經幫助過我們的人自然地生起感激之心，就應該也可以傳遞這種善意和關心給我們的孩子。

佛法如何幫助孩子？我們如何教導孩子佛法？

佛法的精華在於避免傷害他人，並儘量幫助他人。這是佛教徒、也是非佛教徒父母都想逐漸灌輸給孩子的價值觀，以便讓孩子以後能和別人和諧地相處。因爲孩子大部分的學習是經由範例，所以父母教導孩子好的價值觀最有效的方式，就是自己要以身作則，生活在價值觀當中。當然，這並不是那麼容易！但是如果父母儘量地練習、調整，孩子就會直接從父母的身教中受到利益。

在學佛的家庭中成長，對孩子很有幫助。如果家裡有壇桌，孩子可以幫忙維持整齊清潔並做供養。我的一個朋友和她三歲女兒，每天早上都會對佛禮拜三拜，然後小孩獻給佛陀一些水果或餅乾，接著大人拿前一天供品的一顆水果或餅乾給她。小女孩很喜歡這樣的儀式。小孩子喜歡音樂，祈禱文、咒語的旋律及佛曲，可以取代一般的廣告流行歌和童謠兒歌。很多父母會在嬰兒吵鬧或想睡的時候唱誦咒語給他聽，而嬰兒對那種溫和的擺動都會有良好的反應。還有，我認識的一個家庭裡，每次全家吃飯前的供養，都由他們的五歲小男孩帶領唸供養文。以上這些對父母和孩子都是簡單又深切的心靈交流方式。

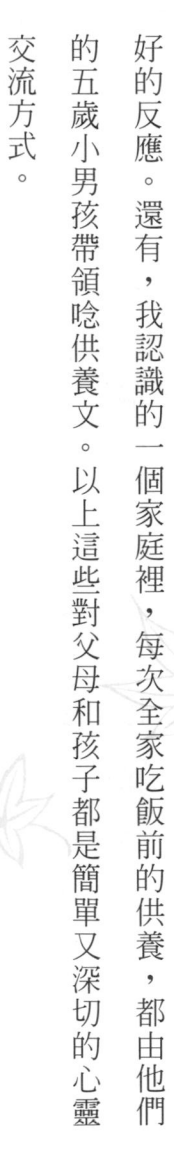

一些佛教家庭可以選擇每個星期或每個月聚會一次，舉行一次共修。共修可以提供父母一個機會，就是排開平常擁擠的時間表，和孩子一起度過平靜的時光，而且這樣比周末帶孩子到周日學校，讓別人教自己的孩子要好得多了。另外，共修還可以讓佛教家庭互相認識，相互支持。聚會共修時，可以爲小孩舉辦一些活動，包括唱佛曲、唸祈禱文和咒語、學拜佛、做供養，以及靜坐一下。父母和學齡的小孩可以一起玩角色扮演的遊戲：製造一個場景，每個角色在那場景中都先想到自己的快樂優先於他人，再交換扮演另一個角色，然後要想著換過來的角色的快樂。這樣的活動可以教導孩子解決問題的方法，並讓孩子看到不同行爲所造成的後果。家人還可以一起參訪佛教寺廟以及社區的佛教中心。

讀佛教童書和看佛教錄影帶，是父母可以跟孩子分享的其他活動。有個非常好看的、關於世尊一生的卡通錄影帶，還有許多關於佛教的童書。與小孩做一些非正式的討論，有時候會既有趣又很有意義。孩子對於關於轉世、業力及對動物的善心等的概念接受能力，可能會使父母感到驚訝。

許多父母感嘆說：「我的孩子根本坐不住！」我猜想這些孩子大概也很少看到父母安安靜靜地坐著！當孩子看到大人平靜地坐著，他們就會有也能如此做的想法。有時候父母的安靜時刻可以和孩子分享。例如，父母在唸咒語時，孩子可以坐在爸爸或媽媽的大腿上。其他時間，如爸爸、媽媽打坐時可能不希望被打擾，孩子也可藉此學習尊重父母的希望。

同儕團體的討論對青少年很有效果。大人可以促成一個討論會，討論關於友誼或其他青少年感興趣的題目。佛教之美在於它的原則可以運用到生活各個層面。孩子愈能看到道德觀和慈愛與他們生活的關連，就愈能重視這些特點。有一次我帶領二十位青少年的團體，討論男生與女生的關係。每個人輪流講話，雖然表面上談的都是他們的生活和感想，但其實談話中蘊藏很多佛法的內涵。例如，他們提出道德生活的重要性。我以一個穿針引線人的身分，沒有說教，也不傳道，只是傾聽並尊重他們的說法。之後有人來到我面前，告訴我：「哇！這是我們第一次跟一個尼師討論這種事情！」他們不只是能在一個大人面前敞開心胸地談論敏感的話題，也能了解到宗教人士對青少年所關心的事是有意識並贊同的。除此之外，他們還看到了佛教與他們生活的關連性。

如果孩子對佛教不感興趣，怎麼辦？我們應該讓孩子跟朋友去教堂嗎？

宗教信仰不能強迫任何人，如果孩子對佛教不感興趣，就讓他們這樣吧！從觀察父母的態度和行爲，他們仍然可以學習如何當一個好人。

孩子很有可能受同學之邀一起去教堂。因爲我們生活在一個多元文化及多元宗教的社會，參加孩子朋友的教堂或寺廟活動，對於讓孩子了解其他傳統是很有助益的。當孩子想這麼做時，我們應準備著要和孩子討論關於人有不同信仰的事實，以及不同宗教互相尊重與容忍是很重要的。孩子也可以邀請同學去佛教道場或參加佛教活動，以促進彼此的相互學習和尊重。

我們如何跟孩子介紹禪修？

孩子看到父母做每日的禪修，通常會很好奇，這會是教導他們簡單數呼吸靜坐的好機會。孩子會喜歡坐在父母旁邊，安靜地跟著坐個五或十分鐘。等他們開始心浮氣躁、坐不住時，可以安靜地起身離開，到其他房間，而父母可以繼續靜坐。如果父母覺得太被打擾了，可以私下做自己的日常功課，然後另擇時間和孩子一起靜坐。

孩子還可以學習觀想式的靜坐。大多數的小孩喜歡假扮，且很容易進入想像的世界。父母可以教孩子用光的組合來想像佛陀，然後光從佛陀身上放射出來，灌注到自己及環繞在他們身邊的眾生身上，這時可以教他們唸誦佛陀咒語。如果孩子有親戚、朋友或寵物生病，或朋友有困難的話，可以特別觀想那個人或寵物，觀想佛陀送光給他或她或牠。這樣的話，孩子增長了他們的慈悲心，也會覺得參與了幫助所關心的人或物的行列。

佛法道場或中心常常安排大人的活動，卻沒有提供對小孩子的照顧，父母該怎麼辦？

佛教中心需要慢慢地擴張他們活動的階層。父母如果是會員，就可以聚在一起，討論該怎麼做。可以利用上面提到的建議活動，這樣他們就可以在中心組織家庭活動或小孩活動了。

如何跟小孩擁有良好的關係，尤其他們到了青少年時期？

跟青少年的孩子擁有開放關係是很重要的，而父母必須從孩子還小的時候就與他們建立關係。也就是說，這要看父母花了多少時間陪小孩，以及父母有沒有以正面的態度對待他們。如果父母總是不斷地煩惱，他們會傾向把擁有小孩這件事視爲麻煩：在忙碌工作了一天之後、身體快要累塌了之前，還有一件要照顧的事。孩子會注意到這點，總覺得父母不關心自己，或認爲即使父母關心他們，也不會花時間陪伴他們。與小孩建立良好關係，設立優先次序是很必要的，這可能表示接受一份薪水較少、但時數也較少的工作；或拒絕一項升遷，這雖然能增加家中的收入，但卻也會增加壓力並減少在家的時間。對孩子來說，愛比物質的擁有重要多了。若選擇賺更多錢卻犧牲良好的家庭關係，可能表示以後必須要花更多錢在夫妻及孩子的心理治療和輔導上！

孩子需要紀律嗎？我們在執行時怎樣才能不生氣？

孩子是提供我們最好、也是最難練習耐心的機會！因此，建議父母熟悉世尊教導的關於對治生氣的方法。耐心並不表示要順著孩子，隨便他們想做什麼就做什麼。事實上，那對孩子是很殘酷的，因爲那是在讓孩子養成壞習慣，讓他們更難與人相處。孩子需要指導方針和限制。他們必須學習不同行爲的後果，以及學習判別什麼是要學的和什麼是不要學的。

知足是佛教的基本原則。我們如何教導孩子這一點？

知足的態度能使我們更能享受生活，以及更能體會到知足的快樂。我相信孩子不知足的原因之一是：他們被給予太多感官享樂的選擇。從小小年紀開始，他們就被問：「你要蘋果汁還是桔子汁？」「你要看這個電視節目還是那個？」「你要這種腳踏車還是那種？」「你要紅色的玩具還是綠色的？」孩子被這麼多的選擇轟炸因而變得迷惑，更別談大人了！他們沒有學習到知足於只要有就好，取而代之的是他們不斷地被迫去想：「什麼會帶給我最大的快樂？還有什麼我想要的能讓我快樂？」這會增加孩子的貪心及困惑。解決問題的方法並不是要父母變成獨裁者，不給孩子選擇的機會，而是在家中，父母不要強調這些東西的重要性。當然，這還是有賴於父母先改變自己對於感官愉悅及物質擁有的方式。如果父母懂得知足，孩子也會比較容易做到知足。

第二十章

擺設供桌和供品

這章在說什麼？

供桌上的形象是在提醒我們佛、法、僧三寶的功德，因而激勵我們也要發展跟佛一樣的功德。當我們走過家中的供桌或參訪一座寺廟，看到上師的照片或佛陀平靜的身像，能幫助我們想起確實有非常平和的眾生存在，而且我們可以變得跟他們一樣，心就會自然地沉靜下來。而供養能幫助我們造善業，培養好的德行。任何我們認為美麗的東西都可以供養。

為什麼要有供桌？供桌上要放什麼？

人們通常喜歡在家中一個安靜乾淨的地方擺設個簡單的供桌，把佛陀、本尊、菩薩的形象放在供桌上當作佛陀證道的色身象徵。學藏傳佛法的人會把他們的上師照片放在佛菩薩像之上，但其他宗派不一定這樣做。佛像的右邊（面對供桌則是在我們的左邊）放經本，代表佛陀的智慧話語；佛像的左邊放一個鈴或舍利塔（遺物紀念塔），象徵佛陀證悟的心；其他各種供品則放在這些形象、東西的前面。

供桌上的形象是在提醒我們佛、法、僧三寶的功德，因而激勵我們也要發展跟佛一樣的功德。某些時候我們可能覺得心不定、瞋怒或沮喪，當我們走過家中的供桌或參訪一座寺廟，看到上師的照片或佛陀平靜的身像，能幫助我們想起確實有非常平和的眾生存在，而且我們可以變得跟他們一樣，心就會自然地沉靜下來。

佛教徒崇拜偶像嗎？

一點也不！一塊陶土、青銅或玉並不是我們尊敬和崇拜的對象。舉個例，如果我們要去離家人很遠的地方，很可能會隨身帶著家人的照片以便於想念他們。當我們看著照片時，便能感覺到對家人的愛。我們並不是愛照片的紙張和油墨！照片只是加強我們的記憶。佛陀的雕像或畫像也是這樣的道理。

當我們在佛像面前鞠躬，我們記起覺悟者的功德，並且對他們圓融的愛與慈悲、慷慨、德行、耐心、精進、專心和智慧，生起尊敬之意。雕像或畫像提醒我們佛陀的功德，所以我們是針對佛陀的功德而禮敬，而不是陶土。事實上，並不一定要有佛像才能禮敬佛陀，沒有佛像，我們仍能記得佛陀的功德並生起敬意。

表達對佛陀以及佛陀功德的敬意，能激勵我們去發掘本有的非凡功德，我們會變得與自己所尊敬的人很像，所以當我們以佛陀的慈悲、智慧為典範時，就會努力地要成為他們。

供養佛陀的目的是什麼？

供養佛陀並不是因為佛陀需要供品。當人已經淨化了所有的染污，並且享受著由智慧生出的喜樂，他或她當然不需要一顆蘋果或一炷香才會快樂！我們也不是為了要贏得佛陀的喜愛而供養。佛陀早早就已經具足了圓融的愛和慈悲，世間人的拍馬屁和賄賂才不會動搖他們的心呢！

供養能幫助我們造善業，培養好的德行。目前，我們有太多執著、貪婪和吝嗇，都會有把最大、最好的保留給自己的傾向，然後給別人次等的或自己不要的東西。然而這些自我中心的態度讓我們不斷地感到貧窮與不足，不論我們擁有多少。還有，我們還害怕失去自己所擁有的一點點東西，這樣的態度讓我們很不安，然後就驅使我們以不誠實的行爲去獲得更多東西，或是以惡意來對待別人以便保護自己所擁有的。

供養的目的之一就是要平息執著與吝嗇所引起的這些有害情緒。因此，當我們在供養時，試著不要有任何失去或後悔的感覺。水很容易取得，所以我們可以輕易的供養而不覺得執著或吝嗇，在供桌上常供著幾碗水。透過以歡喜心供養，我們養成了給予的思想和行動。

有些人可能會納悶：不知佛陀是否眞的收到供品？有個可愛的故事：一個年輕比丘爲了觀察祈禱廳裡的佛像有沒有在半夜拿走供品而徹夜不眠。不要因爲鮮花和水果隔天都還留在供桌上，就以爲佛並沒有接收到供品。他們雖然沒有帶走供品，但仍能夠享受供品的精華。

因爲佛陀、菩薩和阿羅漢是所有眾生最高層次者，所以供養他們就具有特殊意義。我們通常會送禮物給喜歡的朋友，而我們在此供養那些聖者，正是因爲被他們的品質所吸引。我們不能以賄賂的動機來供養佛菩薩：「我燒香給您，您必須同意我的祈求！」應該以恭敬心和慈心來練習給予。即使供養之後我們有需求，也要抱持謙卑的態度。

供桌上供養的是什麼？

任何我們認爲美麗的東西都可以供養。傳統的供品是水、花、香、燈、塗香、食物，可是也可以供養其他東西。西藏傳統一般是每天早上供養七杯水，等到一天快結束時就把水倒在一個乾淨的地方，或澆到花和植物上，而空碗則倒蓋在桌上。供養在桌上的食物應該趁食物尚未腐壞時撤離供桌，我們可以吃掉或送給別人，不過供養過的食物通常不餵給動物吃。

供品各有什麼象徵意義？

花象徵佛菩薩的特質；香象徵清淨戒律的芳香；燈象徵智慧；塗香代表對聖者的信心；食物代表禪修的養分；音樂象徵所有現象的無常與空性。

當我們在物質上供養一朵花，精神上可以觀想整個虛空充滿了花朵，然後再供養出去。觀想愉悅的東西然後供養給佛菩薩，如此可以滋潤我們的心。同理，我們可以在精神上做供養而不必把供品放在供桌上。例如，當我們看到美麗的東西展示在櫥窗裡，或看到大自然的美好，可以在精神上供養這些給佛、法、僧三寶，這樣會幫助我們避免對這些事物的貪著。

佛教徒在吃飯前要祈禱嗎？

是的，有飯前供養食物的祈禱文。我們經常以貪執的心埋首於餐盤中的食物，很少有覺察，也很少有享受食物的眞正樂趣。因此，我們可以在進食前先停一下，想一下我們的動機。我們要想不是爲了暫時的享樂，或爲了讓身體有吸引力而進食，而是爲了保持身體健康，可以讓我們修行佛法並利益眾生而進食。還可思維提供我們食物的人：種植者、收成者、運送者、包裝者等人的好心，我們會感覺和這些人是互相聯繫的，因而想要報答他們的好心，便利用吃的機會來造善業以利益他們。我們可以用這樣的原因做供養。

觀想食物如快樂的甘露，供養給心中由光所組成的佛陀，這個佛陀代表所有的覺悟眾生，並與我們自己的佛性相結合。心中的佛陀很歡喜地享用甘露且放出光芒，灌注在我們的全身，也令我們非常歡喜。這樣的話，我們進食的過程仍能維持覺察力，透過供養佛陀造了善業，也更能享受到食物的美味。吃飯前，有人喜歡唸誦這樣的偈子：

供養無上導師，珍貴的佛陀；供養無上修行，至聖佛法；供養無上指引，尊貴的僧眾；供養所有皈依對象。

願我們及周遭眾生生世世不離三寶。

願我們總有機會供養三寶。
願我們在這條道上一直受到三寶的庇佑和激勵，步步增上。

如果你是獨自一人或跟法友一起吃飯，可以在吃飯前暫停一下，思維、觀想並唸這個偈誦。如果你是在餐廳或跟非佛教徒在一起，不必展示你的食物供養，只要在別人還沒坐好或還在聊天時，在腦海中思維觀想及供養即可。

第二十一章

祈願、儀式和迴向

這章在說什麼？

在佛教裡，要使祈願能成功，之前所造過的善因，以及專注於開發慈悲和智慧，是兩個關鍵因素。儀式的設立是為了幫助我們對治煩惱和惡業，建立好的德行和善業，所以是工具和方法，而不是目的。而為了防止行善的功德被我們的怒氣或錯誤見解所破壞，迴向功德是很重要的。

祈願的角色是什麼？祈願能得到回應嗎？

祈願有很多種。有的是設計來導引我們的心趨向某個精神目標，激勵我們的心努力往那個方向發展，創造以後能達到目標的因。一個例子就是祈願讓人變得對別人比較能容忍和慈悲。有的祈願是爲了某個特定的人或情況，例如祈願某個人生病能夠痊癒，或是祈願生病的人心靈得以平靜，生命賦有意義。

如果希望祈願能夠實現，光靠祈願本身是不夠的，正確的因也需要造。

我們不能只是想：「佛陀啊，請讓這個、那個發生吧！你繼續做你的，我放鬆一下喝個茶！」例如，我們祈求更有愛心和慈悲，然而卻一點都不努力要控制自己的憤怒，我們並沒有造讓祈求實現的因。心靈的轉化來自於自己的努力，但可以祈求佛陀鼓舞我們做到所希求的願望。

接收佛陀的加持並不表示有什麼實體的東西來自於佛陀，然後進入我們的身體；而是表示我們心靈的轉化是結合了教授、佛菩薩的引導和自己修行的努力。「祈求加持」具有祈求受到佛菩薩的激勵，以便轉化我們的心靈和行爲且變得更有助益這樣的涵義。

有些修行人想要下一生投生於淨土，因爲那裡所有的情形都有助於佛法的修行，而且比較容易生起智慧與慈悲。但是我們不能因祈求往生淨土，於是就期待佛菩薩會讓這件事情發生！我們一定要經由不執著於世間的安樂，發慈悲心及了解空性，努力地實踐教法。如果我們做到這部分，祈願就會在我們的內心有深刻的效益。相反的，如果我們不努力嘗試著修正自己有害的習慣，而且在祈求時，如果我們的心是散亂的，這樣的效果會極爲微弱。

有些人祈求別人的疾病痊癒，或祈求改善家中的經濟狀況，或祈求某位過世的親人能夠有好的投胎，若要這些事情成眞，祈求的對象必須要造過必要的因。如果他們曾造過，那麼我們的祈求將提供他們以前造過的善業種子成熟結果的條件。然而，如果他們以前未曾造過善業種子的因，我們的祈求將會很難實現。我們可以在土裡施肥澆水，但是農夫如果沒有種下種子，還是長不出任何東西來。

世尊講過因果在我們心識的運作。他說殺生會造成我們的壽命減短或患病頻繁；不殺生及護生能讓我們長壽，免於生病。如果我們罔顧這些基本原則而還祈求長壽及健康，表示我們根本沒有對焦！另一方面，如果我們不殺生並且護生，我們的祈求才能幫助這些善業種子成熟。

世尊還說，慷慨是財富的因。如果我們以前很慷慨，現在祈求增加財富，經濟可能會有改善。然而，如果我們現在很吝嗇，那麼我們正在造貧窮的因，將來不可能有錢。在這種情形下，不管再怎麼祈求手頭寬裕，我們的行爲卻是在造相反結果的因。因此我們需要培養慷慨的習性——幫助需要幫助的人，和別人分享我們所擁有的。

儀式的目的是什麼？儀式是必需的嗎？

儀式的設立是爲了幫助我們對治煩惱和惡業，建立好的德行和善業。儀式是一種工具和方法，而不是目的。因爲我們只是初學佛法者，在這條路上常常很難辨認什麼要修、什麼要捨棄，因此走在前面的修行者寫下了祈願文，讓我們有所引導並且可以跟隨。唸誦祈願文可以幫忙調整我們的心到祈願文所要表達的意境上。在唸誦祈願文時，我們應該自動進入禪修狀態，轉化心靈到儀式中所描述的精神狀態。如果我們是自己在修一種儀軌，可以在碰觸到心靈最深刻之處暫停一下，集中注意力在那一點上。

唸誦祈願文不一定只侷限於別人寫的。當我們學習佛法，對這條覺悟之路愈來愈熟悉時，祈願文可能會自然地在心中生起。喚起內心祈願的情況有可能發生在日常生活中，這對於佛法深入我們的生活經驗很有幫助。

有些人很喜歡儀式，認爲對他們的修行很有幫助，而有些人卻覺得儀式讓他們分心。有時候一個人可能在某段時間會想要做多一點儀式，在其他時間又想做少一點。每個人都是獨特的，沒有難的規定或快的規定，我們必須在自在的狀況下做，而不是因爲大家都在做而做。

常見的佛教儀式有哪些？

佛教傳統的儀式有皈依佛、法、僧；有接受免於傷害行爲的戒律；禮讚三寶功德；供養三寶；對他人發起慈悲心；發露懺悔自己所做的錯事；爲他人的快樂和功德而高興。除此以外，每個宗派依各自所強調的方面又有獨特的祈願儀式。

在心靈發展過程中，唱誦扮演什麼角色？

如果能以正確的動機唱誦，例如爲了下一生作準備、從輪迴中得解脫，或爲能究竟地利益眾生而要成佛，就會有很大的效果。爲了使唱誦能在心靈的積極層面產生效果，我們必須試著邊唱誦邊專心思維所唱誦的文字意義。若以散亂的心，想著食物、工作或聚會來唱誦深奧的祈願文，效果是非常小的。一架錄音機也可以唱誦佛陀名號和祈願文啊！但是如果轉化我們的思緒，讓它們和所唱誦的文字意義相連結，這樣的唱誦就會變得有力量又有效益。

一個完整的心靈修行並不只有唱誦而已，還包括聽聞老師的教授，思維探究教法的意義，並與生活結合在一起，使我們能以有所助益的方式去思考、感受、說和做。純粹唱誦並不能讓我們脫離輪迴，深入禪修以生起無我的智慧才是必須的。

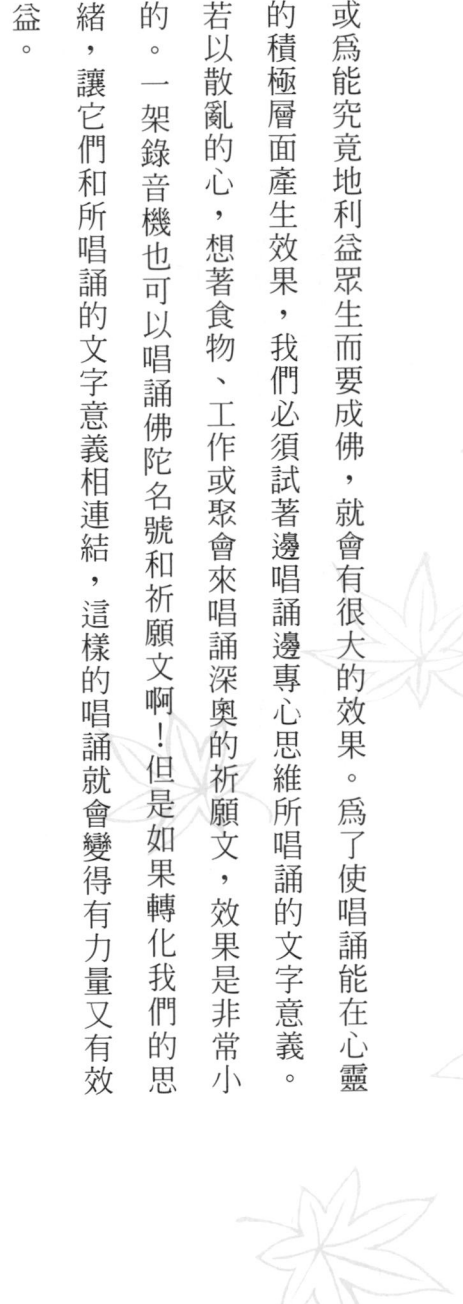

祈願文和咒語有什麼不同？以外國語文來唱誦是必要的嗎？

咒語是以音節呈現來保護我們的心，我們想要保護自己的心不貪著、生氣、無知等等。我們的內心有時似乎流動著無止盡的喋喋不休，心中不斷地評斷這個人的穿著或那個人所說的話。以唱誦咒語來轉化內心碎碎唸的傾向是一種很善巧的方法，我們用專心唸誦佛陀所宣講的音節，來代替沒用、瑣細事物的評斷。如果唱誦咒語能與四力對治（在業果的篇章有解釋）結合，就會成爲淨化心相續中惡業印記的有力解藥。在唱誦咒語時，我們訓練自己的心以有益的方式去思考、感覺及觀想，因而建立正面的精神與情緒的習慣。除此之外，唸誦咒語還可以平和我們的心，並提高專注的力量。

咒語是直接以梵文來唸誦，而不是翻譯成其他語言，因爲它們是世尊在甚深禪定時所說出的話語，這些音節的聲音能生起有益的能量和震動，因此在唱誦時，可以專注於咒語的聲音和它的意義，或結合上師教導我們的觀想。

另一方面，祈願文是由歷來的祖師大德所作，是爲了幫助我們發展積極的態度。他們這樣做是因爲有時候在我們修行的道路上，很難分辨清楚哪些態度和行爲是要修的、哪些是要捨棄的。祈願文呈現出積極精神狀況的精華，當我們想著祈願文的意思時，心靈已被轉化成祈願文中的精神狀況。因爲了解祈願文的意思很重要，所以它們可被翻譯成不同的語言。雖然以東方語言來唱誦祈願文是滿可愛且具激勵作用的，但也可以用自己的語言來唱誦，因爲這樣可以使我們更容易了解祈願文的內涵。

六字大明咒「嗡　嘛呢　唄美　吽」是什麼意思？

「嗡　嘛呢　唄美　吽」是觀音的咒語，整條覺悟道路的意義都包含在這六個音節中。「嗡」是指佛陀的身、語、意，是我們修行想達到的境界。「嘛呢」是珠寶的意思，指這條道路的方便方面——出離輪迴的決心、慈悲心、布施、持戒、忍辱、精進等等。「唄美」是蓮花的意思，指佛法智慧的方面，藉由智慧與方便雙修，我們可以淨化心相續中的染污，發展清淨的本性。「吽」指諸佛的本心。

唸誦「嗡　嘛呢　唄美　吽」對於淨化心靈和發慈悲心非常有效，我們可以在任何時候大聲唸誦或在心中默唸。例如排隊時，與其愈來愈沒耐心，開始生氣，不如在心中默唸這個咒語，從內心生起對周遭人的慈悲想法。

在口頭傳授咒語時有個習慣，就是要由精神上師唸誦，然後弟子或聽或跟著唸。這樣依此咒修行的上師，會將傳承的力量傳給弟子，也會讓弟子在唸誦此咒時較有力量。不過，即使沒有受過師長的口傳，我們還是可以唸誦「嗡　嘛呢　唄美　吽」，並從平靜的能量中得到好處。

什麼是功德？為了得到功德而行善，好像功德是精神的金錢似的，這不是很自私嗎？

功德的英文「merit」並不能完全表達佛教所要表達的涵義，因爲這個譯詞讓人聯想到學校的金星獎——由於我們表現得很好而獲得的獎賞。這裡並沒有這個用意，因此我認爲此處用「positive potential」（字面意思是「正面的潛能」，中文譯為「功德」）是比較好的佛法譯語。當我們做了正面的行爲，並沒有人獎賞我們，而是我們在心相續中留下正面的印記或種子，等遇到相關必要的因緣，種子就會結果。所謂「種子」、「印記」並不是指實體的種子或印記，而是無形的東西，是一種正面的潛能。

把正面的潛能理解成如精神的金錢是不恰當也沒有助益的。如果我們這麼認為，就會去跟別人爭誰能先供養，或是嫉妒別人所做的善行比我多。這樣的態度對我們當然沒有幫助！因此我們應該利用各種機會生起正面的潛能，以行善來改進自己，創造快樂的因緣並且幫助別人，但不是以貪著心和嫉妒心去做。

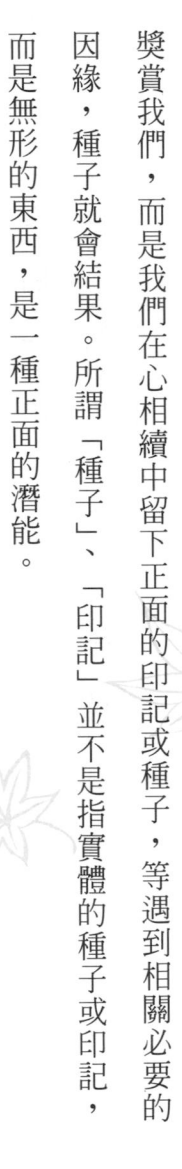

為什麼功德一定要迴向給別人？

為了防止行善的功德被我們的怒氣或錯誤見解所破壞，迴向功德是很重要的。如同方向盤引導車子的方向一般，迴向引導著我們的功德如何成熟，而迴向到最廣闊高貴的目標是最好的，這樣的話，所有其他次要的結果也會自然出現。例如迴向功德給所有眾生都能覺悟、都能獲得最究竟的快樂，這時不管我們的功德是多麼小，這麼大的迴向，自然地就包括了好的投生，以及希望我們的親戚朋友快樂的目標。

有些人認爲：「我的功德這麼少，如果迴向給所有人，讓他們快樂，我自己就一點都沒有剩了。」這是不正確的，迴向自己的功德給別人，並不會剝奪我們得到的好處，相反的，還能擴大我們迴向對象的範圍，使更多眾生因我們的迴向而受到利益。

功德可以迴向給親戚或朋友嗎？

用「迴向」的字眼比用「轉向」的字眼好。我們可以「轉讓」財產的所有權，或是因爲你沒車，所以我把車「轉讓」給你，但是功德不是這樣轉的。誰造了這個因，就要由誰受這個果，不可能我造了這個因而由你來受這個果，因爲我造了這個業，印記或種子會種在我的心相續裡，而不是你的。

因此如果臨終的親戚朋友在生前都沒有做好事的話，我們做善行、造善業是不可能轉給他們的。

然而，若把我們的祈求和供養迴向給他們，可以幫助他們讓以前所做的善行種子遇到結果成熟的必需環境。一顆種子種在泥土裡，需要陽光、水、肥料等相關條件才能成長；同樣的，當所有的因緣條件和合，業的種子或印記就會成熟。如果臨終者在生前做過善行，我們爲他們做的供養或做善事的額外功德——唸誦經典、造佛像、對眾生的愛與慈悲做禪修等等，就能幫助他們。因此，我們可以爲了臨終者的利益而把做這些事的功德迴向給他們，這樣能幫助他們的善業種子快點成熟。

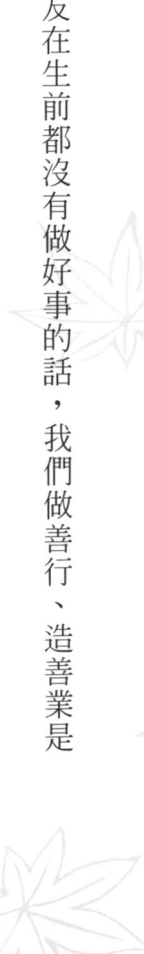

眾生系列 JP0030

我想知道什麼是佛法

作　　者：圖丹・卻准（Thubten Chodron）
譯　　者：黃盛璟
封面設計：黃健民
內頁版型：吳懿儒

總 編 輯	張嘉芳
編　　輯	曹華
業　　務	顏宏紋
出　　版	橡樹林文化 城邦文化事業股份有限公司 台北市民生東路二段141號5樓 電話：(02)25007696傳眞：(02)25001951
發　　行	英屬蓋曼群島商家庭傳媒股份有限公司城邦分公司 台北市民生東路二段141號2樓 書虫客服服務專線：(02)25007718；(02)25007719 24小時傳眞專線：(02)25001990；25001991 服務時間：週一至週五上午09:30-12:00；下午13:30-17:00 劃撥帳號：19863813；戶名：書虫股份有限公司 讀者服務信箱：service@readingclub.com.tw 城邦讀書花園網址：www.cite.com.tw
香港發行所	城邦（香港）出版集團有限公司 香港灣仔駱克道193號東超商業中心1樓 電話：(852)25086231 傳眞：(852)25789337 E-mail: hkcite@biznetvigator.com
馬新發行所	城邦（馬新）出版集團【Cite (M) Sdn.Bhd. (458372 U)】 41, Jalan Radin Anum, Bandar Baru Sri Ptaling, 57000 Kuala Lumpur, Malaysia. 電話：(603)90578822　傳眞：(603)90576622 Email：cite@cite.com.my
印　　刷	中原造像股份有限公司
	初版一刷　2007年10月 初版四刷　2016年6月 ISBN:978-986-7884-74-9 定價：280 元

國家圖書館出版品預行編目資料

我想知道什麼是佛法 / 圖丹・卻准（Thubten Chodron）著；
黃盛璟 譯 --初版--臺北市：橡樹林文化出版：
家庭傳媒城邦分公司發行，2007.10
面；公分 --（眾生系列；JP0030）

譯自：Buddhism for beginners

ISBN 978-986-7884-74-9（平裝）

1. 藏傳佛教　2. 佛教教理　3. 佛教修持

226.961　　96018067